我与蒙面诗人

韩红 著

湖南文艺出版社
·长沙·

---

* 本书所有照片皆为作者本人拍摄。

推荐语

我一直觉得韩红是个很奇怪的小孩。她没学过作曲,但她的音乐很好;她高中都没毕业就去当兵了,但她的文字很好;她身处繁华,但心地善良单纯,帮助苦难中的人,她真的快乐而满足。其实她是个大I人,嘴很笨,最爱独处。独处时,她的渴望、委屈、恐惧、愤怒、悲伤、欢喜、柔情……都会变成作品,替她说出她说不清的话。她做音乐是自信的,写诗大约是羞涩的,所以"蒙面"。其实,那就是她的自言自语。

——张越

韩红的诗我第一次读,惊讶于其中的辩证,之前以为歌者是抒情的,没想到在蒙着面的歌者后面有一个矛盾的、准确的、宏观的诗人。韩红也是个侠客,她的东西在情理之中也散发着为人解忧,替人纾困的侠气。完美的歌者，矛盾的诗人，慷慨的侠士，三而为一，当今可能只有韩红一人。

——双雪涛

韩红有一颗敏感而宽阔的心。她忠于自我，亦热情地拥抱他人。这本诗集是她的人生态度的另一种展现。

——许知远

音乐和诗歌是相通的。韩红写诗并不让人意外。几年前我听过她创作的交响乐。这些都源自天赋，源自内心的敏感和脆弱，源自对美的战栗和敬畏。韩红写诗、做音乐、当歌者，几十年如一日身体力行去救助苦难众生。这一切其实都源于她对世间万物的悲悯之心。那些动人的旋律、撕扯心灵的歌声、美丽的诗句，在我看来都是一回事。

——全勇先

自序

  这本小册子,不算纯诗亦不算妙词,没有"鸡汤"或者美文,纯粹是疯语,是癫狂下解救自己的"迷幻药",一粒一粒吞掉,再跑去梦里校园的操场上锻炼身体。说它"四不像",就对了,这符合当下,是盛产的"礼物"。

我与蒙面诗人

I, the Masked Poet

目 录

第一章
揽拥秋月啜山泉

致你们 003

帕邦喀小路上的遇见 006

若你是月光 008

泥土中的尘埃 010

泡影 013

蛙 014

做个矮人 018

画 020

皇冠 021

美的孤独 024

风中摇摆 026

星星生气走了 030

揽拥秋月啜山泉 033

无悲无喜 035

气球 038

真实如我 042

脉搏跳动——给《人世之歌》词作者王海涛的小文 043

再会，布达拉 044

光 047

消失的爱人 048

琴缘 050

归来仍少年 051

泪滴 052

不惧 053

第二章
繁花落尽春秋夏

球鞋 057

青春的盛宴 063

在河堤上起舞 066

会再相聚——写给爱犬 070

坚守 072

藏进我的芳华里 074

亦如你 078

在尘土飞扬的人间相遇 079

纸短情长 081

人间清醒 084

无论贫穷或富有 085

学你 087

光与影 088

计算 090

纪念日 091

离奇 092

鹊桥又一年 094

薄冰之下　095

雕刻在窗户上的日子　097

仰望　100

野灵魂　102

叶落雨归云　104

生生重逢　105

甘愿老去的时光　108

包裹清晨的寂寞与干裂　110

春天　111

蚊子　114

被灼烧的时光　115

心田里　116

人生这场戏　118

一生军人魂　120

母校教会我的　121

二月三日的独白　122

夏潮　124

第三章
烟火人间

烟火与人间　129

如灰烬，如生活　130

在路上　132

写给法比安　136

被漂白的生活　137

让爱成茧　139

藏身　140

废墟　145

思念的回响　146

瞬间与永恒　149

美的冒险　152

禅寺风满楼　153

心上开出一朵花　154

热闹　156

人间地狱　157

天快亮了　160

不多，不多　162

孤念 164

和自己的影子玩耍 165

过客 166

未完的人生 167

初夏 169

生命伊始 170

不畏将来 172

何以安放 174

归路 180

柿子树 181

戏（歌词） 182

不愿清醒 184

圣山 185

怪物 190

第四章
唱给晚风与星河

不露锋芒 196

我 198

迟暮的挽歌 199

望 200

树 203

悲欢多荒唐 206

驶向云外的列车 207

守望——为百人援蒙而写 213

长路漫漫——从百人援蒙的某个夜晚说起 216

提着月亮,牵着故乡 220

一路苦难一路歌 222

孤岛与花香 226

众矢之的 227

无边乌云步步近 228

孩子 229

摘下恶魔的面具 230

拾光者——为钢琴套曲《沉默的光影》作序 233

不枉来世间走一趟 235

Chapter One
第一章

揽拥秋月啜山泉

谢谢你们不曾认识却又爱着老韩 /
谢谢你们一直都爱着老韩 / 谢谢你们 / 我是你们
不曾认识却又爱着的老韩

I, the Masked Poet
我与蒙面诗人

致你们

致我最爱的朋友

致我最爱的陌生人

嗨,我是韩红

一个小小的歌手

嗨,我是韩红

一个普通的歌手

几十年来我只喜欢唱歌

几十年来我只想做个坚韧的人

几十年来我是个固执的人

几十年来我很倔强

嗨,朋友,你认识我吗?

嗨，朋友，陌生的你
那些痛苦的岁月
那些挣扎的日子
那些不明所以的悲伤啊
不能告诉你啊
我在你面前是快乐的
嗨，那些不明觉厉[1]的谣言
在你心里是怎样的

嗨，伙伴，我们素不相识
嗨，伙伴，你无所谓认不认识我
我就是那个你喜欢的，讨厌的
又被莫名推崇的"英雄"
你们捧我上天，带我入地
可我还是我自己
嗨，伙伴们
我不知道我自己该流向何方
嗨，你们

---

1 不明觉厉，网络用语，"虽然不明白，但是感觉很厉害"的缩写。

我们从未相遇，没有缘起

我却心甘情愿地爱着你

这是一段即兴的音乐

我承认我此刻喝醉了酒

好难得，我有这样的勇气

告诉你我心底的压抑

我心里没有世俗没有金钱甚至没有了我自己

你们知道吗？我愿意忘记自己

在纯净的世界里做个幼稚的孩子

朋友们，所有的叔叔阿姨们

谢谢你们不曾认识却又爱着老韩

谢谢你们一直都爱着老韩

谢谢你们

我是你们不曾认识却又爱着的老韩

帕邦喀小路上的遇见

浮华散去

尘嚣如烟

千年前,如一天

握你的手,在床前

已记不得

哪一世

哪一年

哪一天

转经筒后面的影子里

你的脸时而闪现

哈达覆盖着你的身体

安详

鹰隼在哀嚎

第一章　揽拥秋月啜山泉　　007

发出铜铃般声响

天上吹来一缕清风

我看见了心灵

她仍幼小

温暖且无恙

2023 年 10 月 30 日

若你是月光

我的心落在了树上

被鸟儿牵着飘荡

有束光穿过树叶

打在了我的肩膀

我的呼吸被遗忘在山的那边

涌动着流淌的溪水间

我用胸膛暖了一杯咖啡,递给你

你笑了,笑成了一弯月儿

我顺势把眼睛折叠成光

向着你久久地望

我的嘴唇上沾满了云朵

等着你的露水涂抹

雨来了,你就来了

云开了,你就走了

天晴了,你就是太阳

夜来了,你便是月光

泥土中的尘埃

"我想我就该属于你们,就该为你们歌唱。"心里冒出这句话,并随手写下来的时候,我人正在香港出差。这句我心底的话来由是这样的。

午饭时间我和同事一起去了一家极小的路边茶餐厅。助理无须征求我的意见,也不用问"这么小的地方,您进去吃饭方便吗?",因为他们都很了解我,我一向喜欢去路边的小店,一碗蛋炒饭或者一碗面就吃得香香的。今天也一样,我们挤进一家狭小的普通茶餐厅,刚一坐下来,服务人员就走过来,惊喜地喊道:"哇,是大明星韩红……"我抬起头,看见一位满头白发、上了些年纪的阿姨手里拿着菜单,冲着我笑,我立刻礼貌地与她打招呼,用我蹩脚的广东话致谢并点餐。快要吃完的时候,这位阿姨又走过来,低声跟我说很喜欢我，能不能拍一张合影，说着说着就顺势坐在了我旁边。香港是个寸土寸金的地方，茶餐厅很小，她挤着我硬是坐了下来……我知道她略显唐突的举止一定会被我的工作人员阻止并请她离开，果然，我同事瞬间站起来说："谢谢您，我们不方便合影，请您继续做您的工作去吧……"阿姨正转身要离开，我一把拉住了她的手，说："阿姨我们合影吧，我想跟你拍照……"

拍照很顺利，阿姨随后心满意足地去服务别桌的客人了，我静静地坐在那里发呆了几分钟，沉思着什么。我问同事："你想过吗，为什么我的演唱会门票永远不会'秒罄'？虽然也都能售罄……"他摇摇头。我说："喜欢我的人不一定都舍得花好几百块钱买一张演唱会门票，去现场听我唱歌，因为他们都是工薪阶层的打工人，生活的不易已经给他们很大的压力了。"接着我自言自语道："每个人都有自己的命运轨迹，也许我这辈子就是要与公益紧密相连的，也许我这辈子就不属于那些'高档的''豪华的''尊贵的'字眼儿……"我对同事说："我认了，我认了，我心甘情愿接受自己的演唱会门票不够紧俏，我心甘情愿为普通的老百姓唱歌，只要他们需要我，喜欢我，我就义务给他们唱歌……"

  我曾经一度纠结过,为什么很多人都说喜欢听我唱歌,我又好多年才开一场演唱会,演唱会门票却不能秒罄呢?今天,恍然间我有了答案,而且这答案令我喜悦。

  我本浮尘得天爱,愿化细雨润渔樵。

  日子还长,我要继续做我自己,继续做人世间的一粒尘埃,继续深深地把脚丫子踩在泥土里,深一脚浅一脚地向前走,那么坚实有力。我想那才是我实实在在的人生。

2023 年 12 月 18 日
于香港

泡影

命运哪儿能那么如意,多的是刚翻过一座山,又迎来一座断桥,你若平和地对待生活中的那些难题,也没什么大不了,凡事一笑从容过。不如意是常态,不然人生为何叫修行?你若贪婪渴求,即便得到,也会满身伤痕……谁不是在空荡荡的世界里孤独终老?!一人来一人去,那些费心追求来的物质,追求来的人或事,终将成为泡影……弥散在空气里,再变成空气,成为无名的尘埃一粒,为了那些所谓的"追求",有的人做过违心的坏事,犯下罄竹难书的罪恶……等到迟暮之时,依然是孤身一人面对一如既往的残烛岁月,一切都将反噬。斑驳如梦,举头望月,斜影成三人,留我一人行。

"你啊他啊一顶轿,鹰啊雪啊一毡帽,经幡裹身,西行去,再见此生现云天。"

蛙

我不过是井底那一只蛙

看天，只有那么大

我哆嗦着身体

取暖靠自己

躲在屋檐之下

才换来一处安身的崖

我总是长不大

却意外把最珍贵的东西留下

没有人可以看见我背上的疤

落日之下谁在牵挂

我知道我很傻

我只是一只蛙

一只井底的蛙

寄生在别人家的屋檐下

等着看春秋、日落、夏花

2015 年 9 月 7 日

第一章 揽拥秋月啜山泉　017

我做不了伟人,也不想做小人,我要做个矮人,看世界永远这么大,保持童真。

第一章 揽拥秋月啜山泉 019

画

你站在田埂上

天还没太亮，雾蒙蒙的

一缕缕说不清是炊烟还是雾气的东西

裹着思念升起

爬去月亮的身边

山是你的背景

树林是你的披肩

你站在那儿

就是一幅画

画下来

便是一生

2025年3月17日6点59分

突然醒来后作

皇冠

卑微的灵魂无处不在
闪烁着他们的光芒
在没有太阳照射的雀舍
或是被人怜惜的某个早上
流浪者用芦苇编成花冠
将自己变成国王
炫耀着活蹦乱跳的想象力
也祭奠着自己干瘪的青春

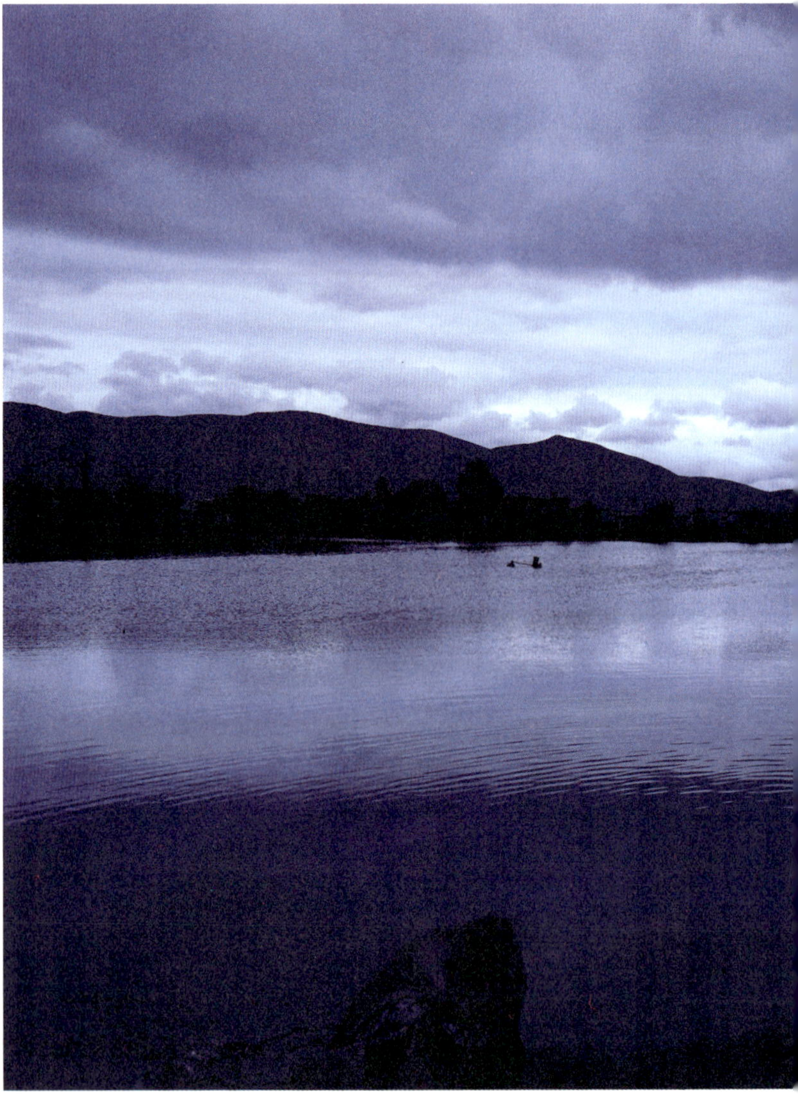

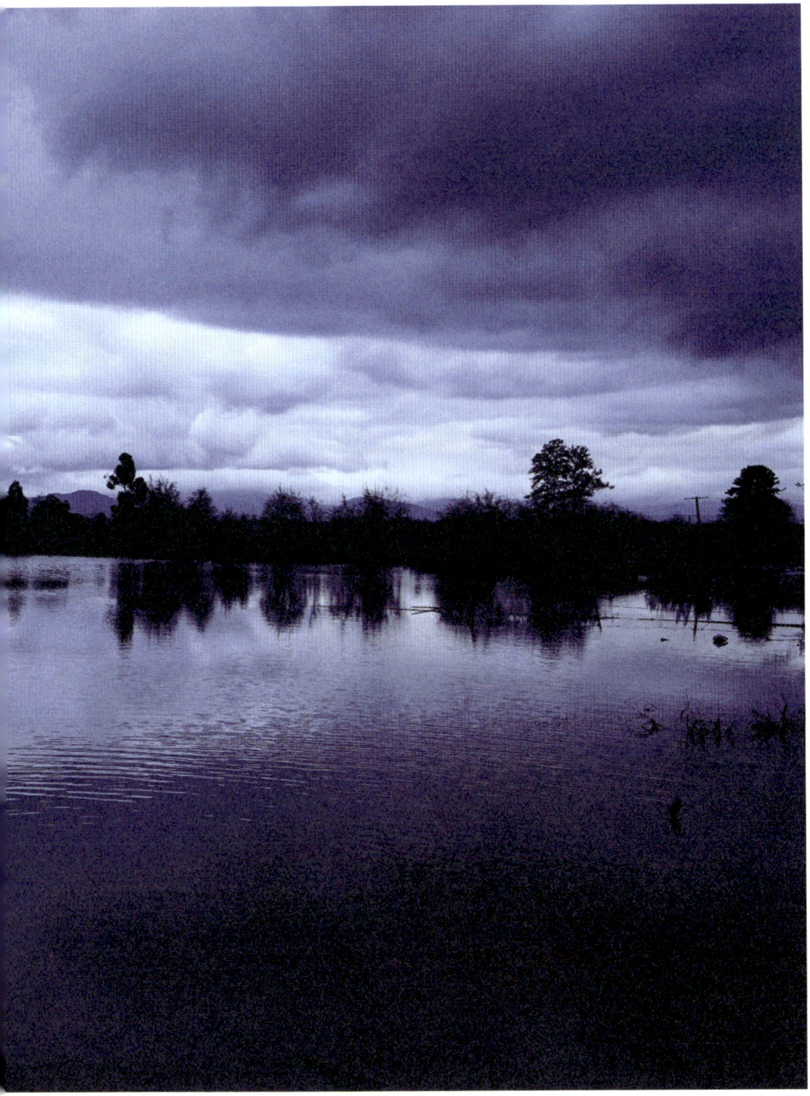

美的孤独

随着眼神的秋波

我去了你喜欢的那座城市

街上空空的

有一个人将碎了的心扔在地上

路口的斑马线处,我看见一只孔雀

四处找着它的猎物

它很美,却也无助

它的美,令所有人感到恐怖

它的美,生出了孤独

2023 年 6 月 1 日

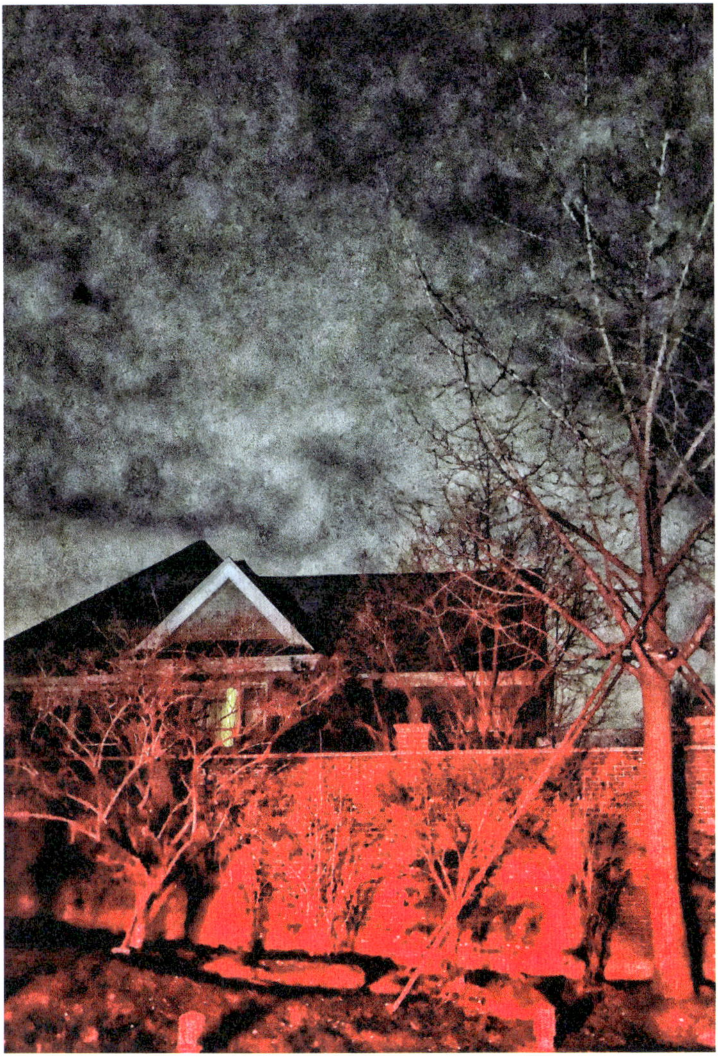

风中摇摆

寒夜牵着雨的手

沉默在树影里

时间吹开过往的迷雾

或许甜蜜,或许是陌路

别去猜,是不是幸福

逃不过一场旅途

看谁能跨过这条愚蠢之路

或者天真,或者已麻木

谁熄灭了他心里的火

被抛弃的孩子孤单冷漠

海岸边那座孤岛闯下的祸

风吹起了,白色裙摆过

夜空划动星光旖旎多意外

一艘船驶入绝望的眼帘

松软沙滩上是谁掉落的发带

发丝还缠绕在风中摇摆

我在寻找着那晚的微雨

遗落风中那些久远的事

收起我的爱,不必再犹豫,不必顾及

风吹起了,走过那些白色的回忆

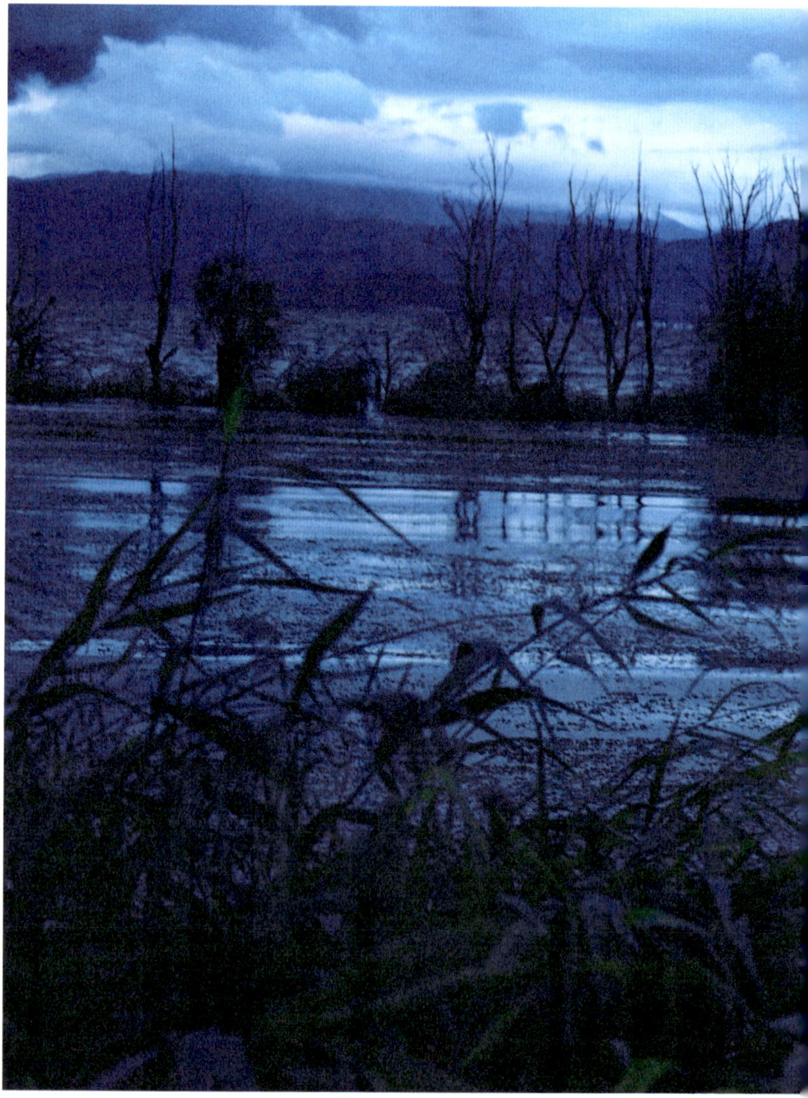

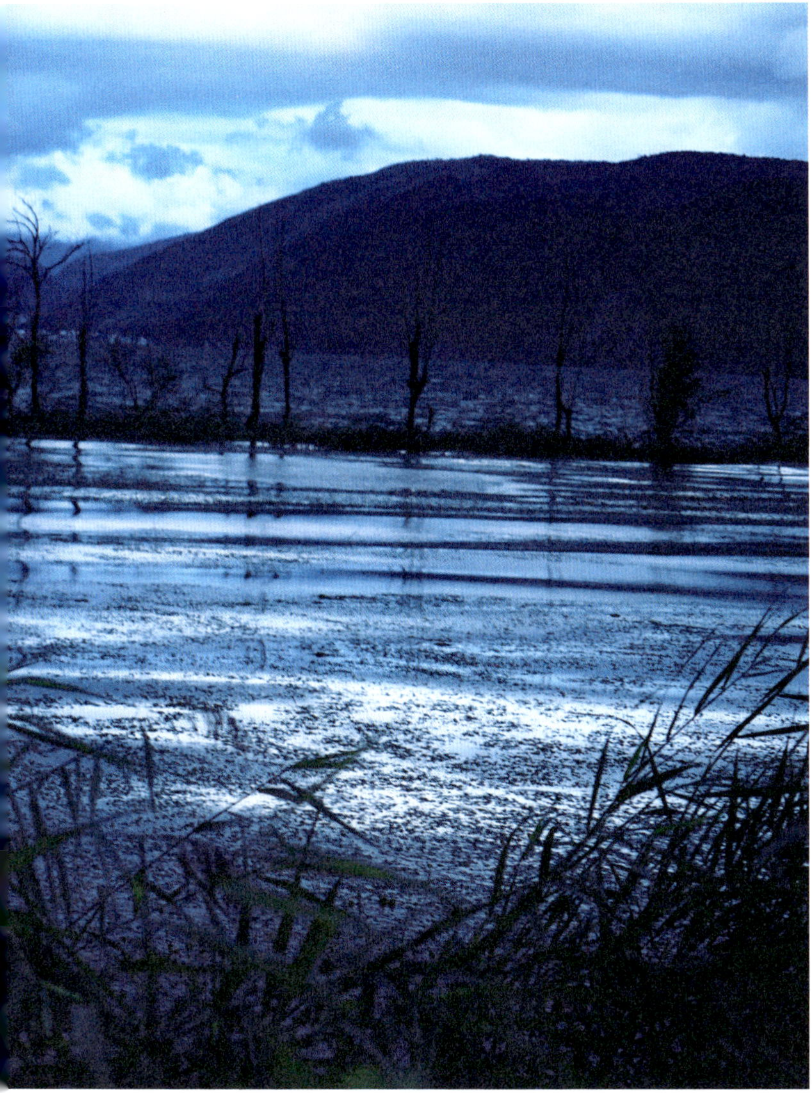

星星生气走了

突然我就笑了

被什么撞击了

闷着头想想

也没什么呀

初雪的那天

我蹲在阳台上唱歌

星星朝着我砸了过来

我说你别啊

我不要你

别落在我身上

星星生着气走了

月亮也没来过

我蜷着身子躺在地上睡着了

灵魂就没再回来

它去追你了

从此我不再是完整的人了

一跃而飞

寻着你的气息

再也没回来

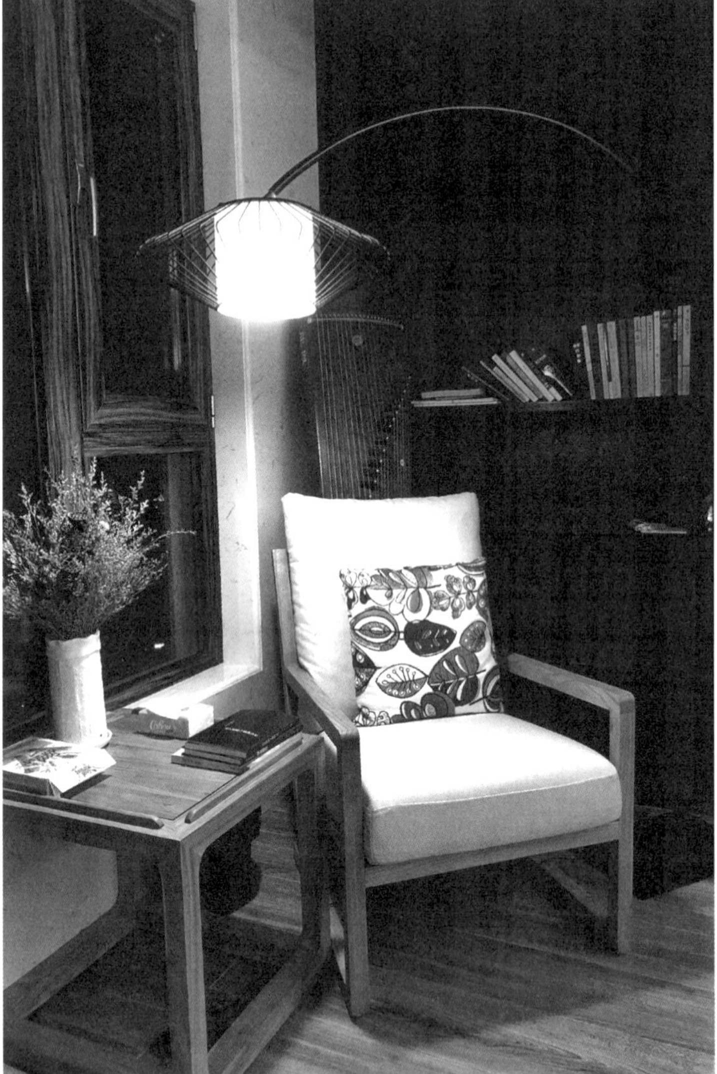

揽拥秋月啜山泉

我在山后有亩田
种完太阳就冬眠
揽拥秋月啜山泉
睡在云里躲清闲

一生最重是家眷
功名利禄放两边
红尘不过一眨眼
唯有事事难如愿

恩恩怨怨过云烟
熙熙攘攘不着眼
平凡之人平凡过

青山背后有炊烟

恩恩怨怨过云烟
熙熙攘攘不着眼
平凡之人平凡过
大河两岸艳阳天

> 2023 年 12 月 29 日 9 点 08 分

无悲无喜

闻香佛礼

神仙笑意

酒窝迷语

无悲无喜

辛丑年七月初秋

2021 年 8 月 29 日

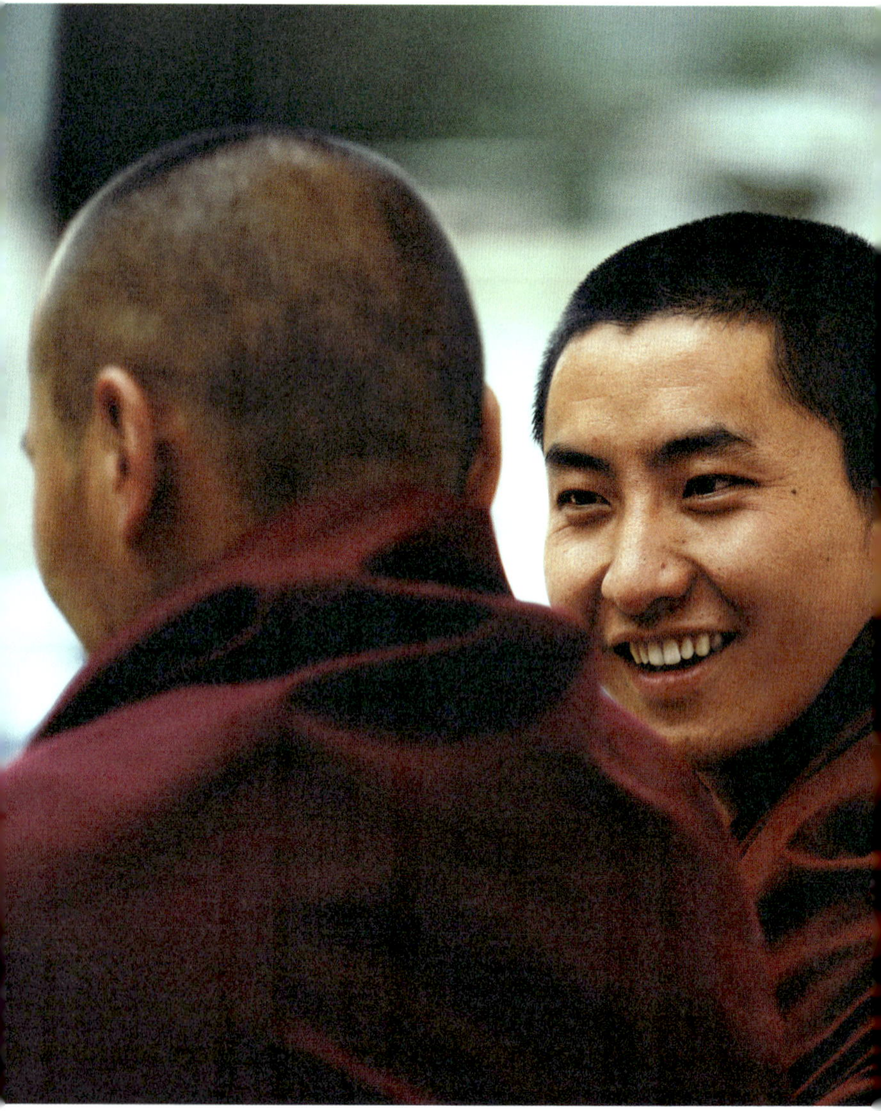

第一章　揽拥秋月啜山泉　　037

气球

我做梦了

梦见自己被困在气球里

气球是透明的

于是我能看见你

看见天和地

可我却无法呼吸

我挣扎着想要出去

我想透透气

我摸着自己滚烫的身体

它就倒映在被冻僵的湖水里

气球带着我飞起

掠过湖水,掠过田地

掠过日夜思念的山间小溪

我爱上了这气球

它那么温暖惬意

它保护着我

它让我暂时与冰冷的世界分离

气球就是我的家、我的天地

有了它

我就可以自由地飞翔

飞去我心里的那片圣地

突然,一阵风

吹破了我的家园

气球破了,我被摔在了地上

于是

我看见自己的灵魂

洒落一地

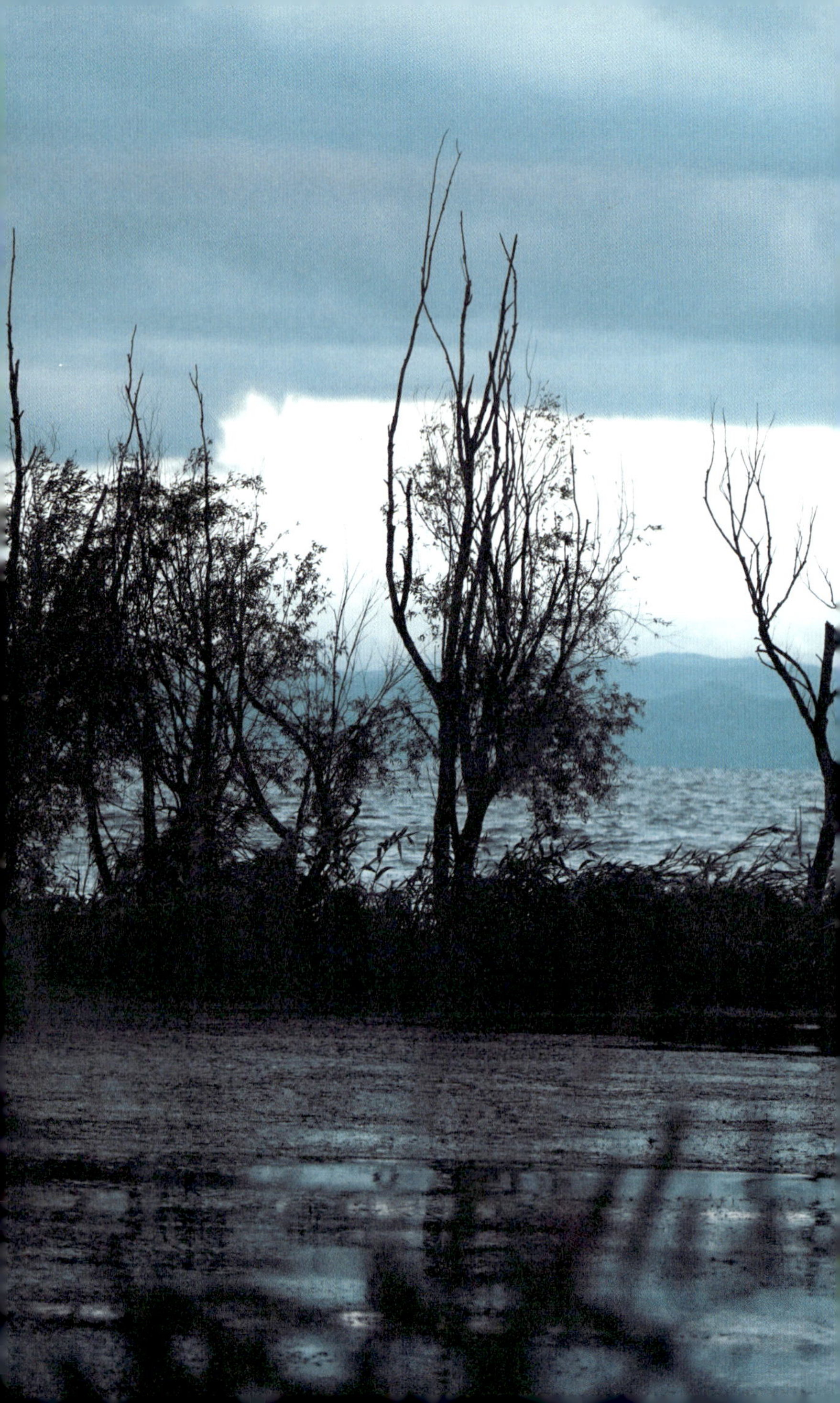

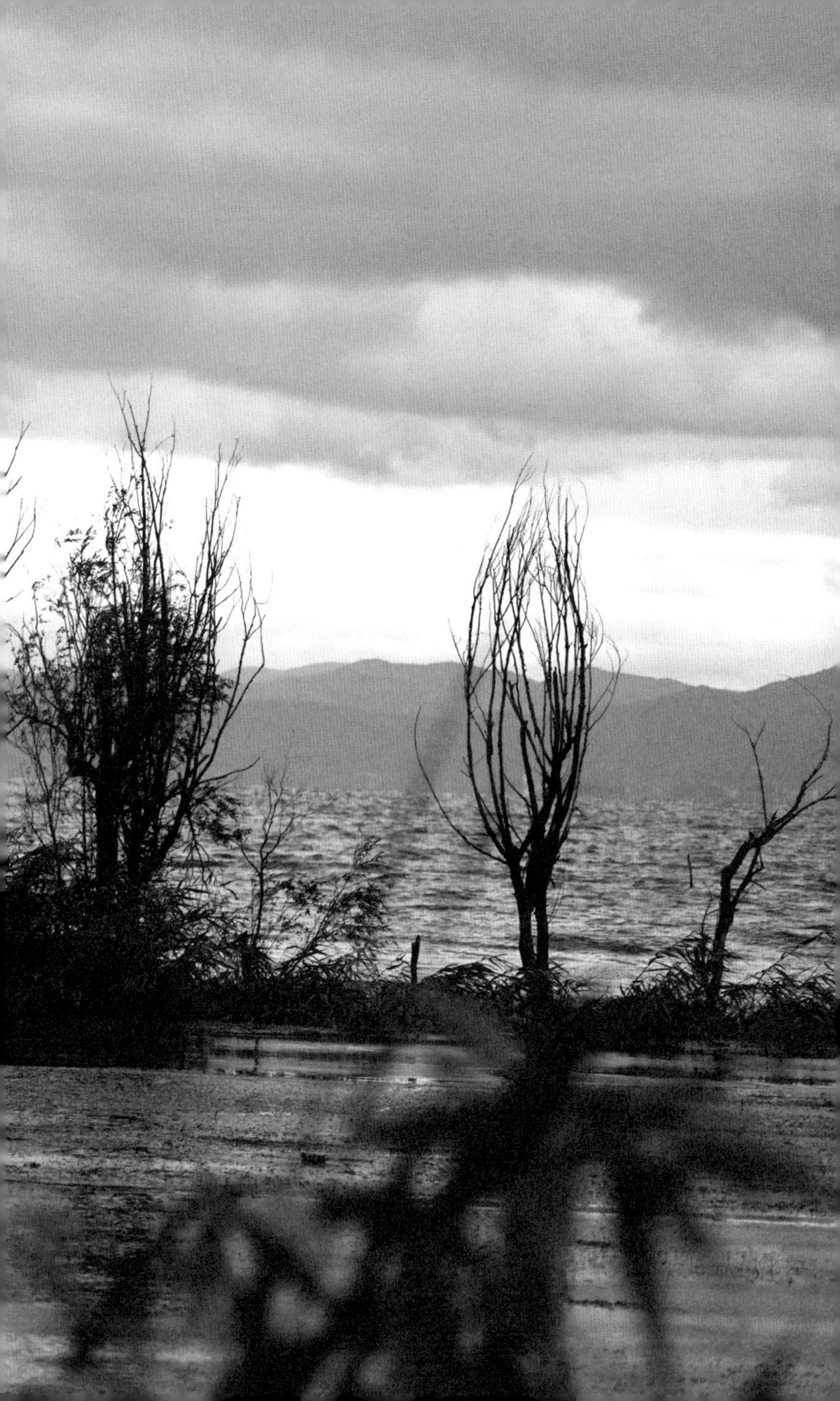

真实如我

我经常反复听《海上钢琴师》的电影原声音乐，每次听，我的心都有强烈的归属感，仿佛自己躺在平静的海面上，天离人很近……我自己也跟1900一样，沉浸于自我的纯净世界里，我的心头也有一艘船，我所习惯的活动范围就是从船头到船尾，离开它我会局促，会不知所措……我不是刻意抗拒很多事情，故意耍大牌拒绝工作，而是我害怕交际，害怕乃至恐惧那种动荡的不安……其实从我的举手投足，你看到的兴许是假的、僵硬的，你们所见到的那个谈笑风生的，甚至有些骄傲自满的调皮的我，不全是假的，也不完全是真的。在这个需要"微笑"的当下，我只能亦庄亦谐……这也是菩萨赋予我的另一个面具、面相，那不是我！真的我，就是1900，是阿甘……

脉搏跳动——给《人世之歌》词作者王海涛的小文

我真幸运,上天赐予我一把宝剑,剑出鞘,削碎时光长河里不堪的冷漠。我真幸运,可以用音符写出我的孤独。我真幸运,能用歌声在无垠的土地上"焚烧"寂寞……

我真幸运,遇见词人王海涛,他让我在这歌词中体会世间万般滋味……

浩瀚的大海收容了无家可归的孩子,熠熠星空下,蹒跚的老人在数星星,像孩子那样,苍茫的宇宙听不懂人类的哀歌,我们怎样才能继续抱着梦想活下去?!均匀地呼吸,一口一口都带着甜蜜的气息,证明我们还活着,脉搏还跳动着!

我抵着光,再次醒来,告诉你们生命的真相。只要我还活着,就一定会匍匐在路上,为信仰,为善良而歌唱!

再会，布达拉

又一次告别了我的拉萨，再会了我的布达拉，在这个城市还没有完全醒来的时候，我已经悄悄地离开，强忍着自己因为难舍难分而快要流出来的泪，回避着亲人们含泪张望的眼睛……我把心留在这里了，在这一刻让它生根发芽，待来年生出藤蔓，爬满布达拉宫的外墙，不开花，不结果，且看思念洒落……

桑烟萦绕，雪顶浮出心海，就在我心灵的最深处，愿我同南迦巴瓦峰永远相连，不分开。我的身体满是弥散的酥油味，梦里阿妈打的奶茶飘香而过，滑过纳木错神湖的湖心，就这样迎我魂魄。

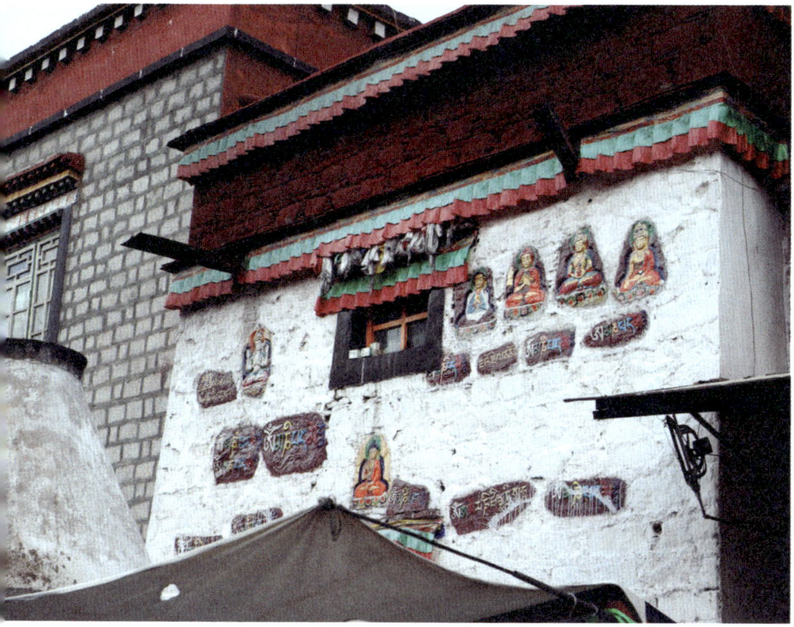

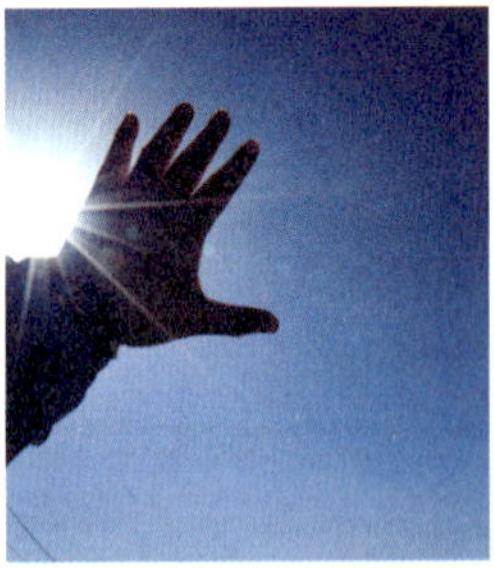

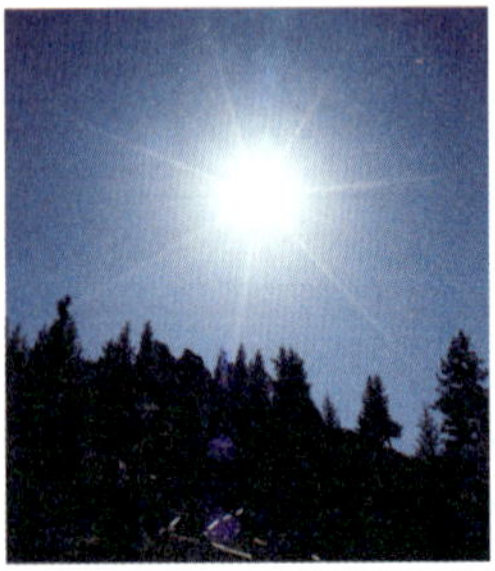

光

我不想在被人偷窥中度过

在黑暗里恐慌的我曾哭过

我有的,你看到的,道听途说的

你都可以拿去,我统统送给你

请让我在磊落中继续活着

我要让光明布满我的生活

不需要誓言,不需要伪装

我就是我,那个孤独的王者

在太阳升起的时候自我发着光

疲惫不堪却又撑着说自己享受这荣光

2023 年 7 月 7 日

消失的爱人

梦见自己被困在沙漠

嘴唇舔了舔干涸的寂寞

恋人来过又走了

幸福没多停留一刻

活着是什么

爱是不是多余的

男孩独自走去海边

他一跃钻进海底

看见水怪的脸

肉体被海藻碾翻

他使劲儿摇头

心还是疼的

一具二十几岁的尸体

复活还是死去

      2024 年 10 月 20 日

      于周庄至乌镇的路上

琴缘

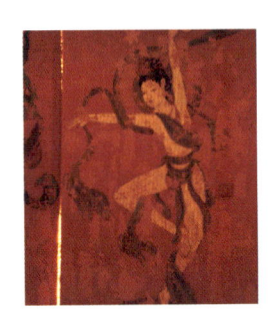

清秋夜,夜香盈。轻抚瑶琴,悠悠广寒行。遥忆伯牙遇子期。高山流水,徵羽叹古今。

馨亦心,心传琴。声声绵绵,缠绵风波亭。谁道无情胜有情?春江花月,华乐启后人。

归来仍少年

愿你归来时

一如青葱少年

醉眼迷

桃花笑

朗朗声声

小曲儿飘

2021 年 4 月 8 日

泪滴

那是躺在我眼睛里的泪滴
但愿是尘埃让它变迷离
不是你的伤害让我哭泣

2020 年 11 月 23 日

不惧

无须捧我上云天,
我亦不惧入地监。
甘为百姓孺子牛,
本就草根闲云边。

2020 年 2 月 5 日

Chapter Two

第二章

繁花落尽春秋夏

熟悉如你 / 陌生如你 / 旧事如你 / 遥远如你 /
一半是你,一半如迷

I, the Masked Poet
我与蒙面诗人

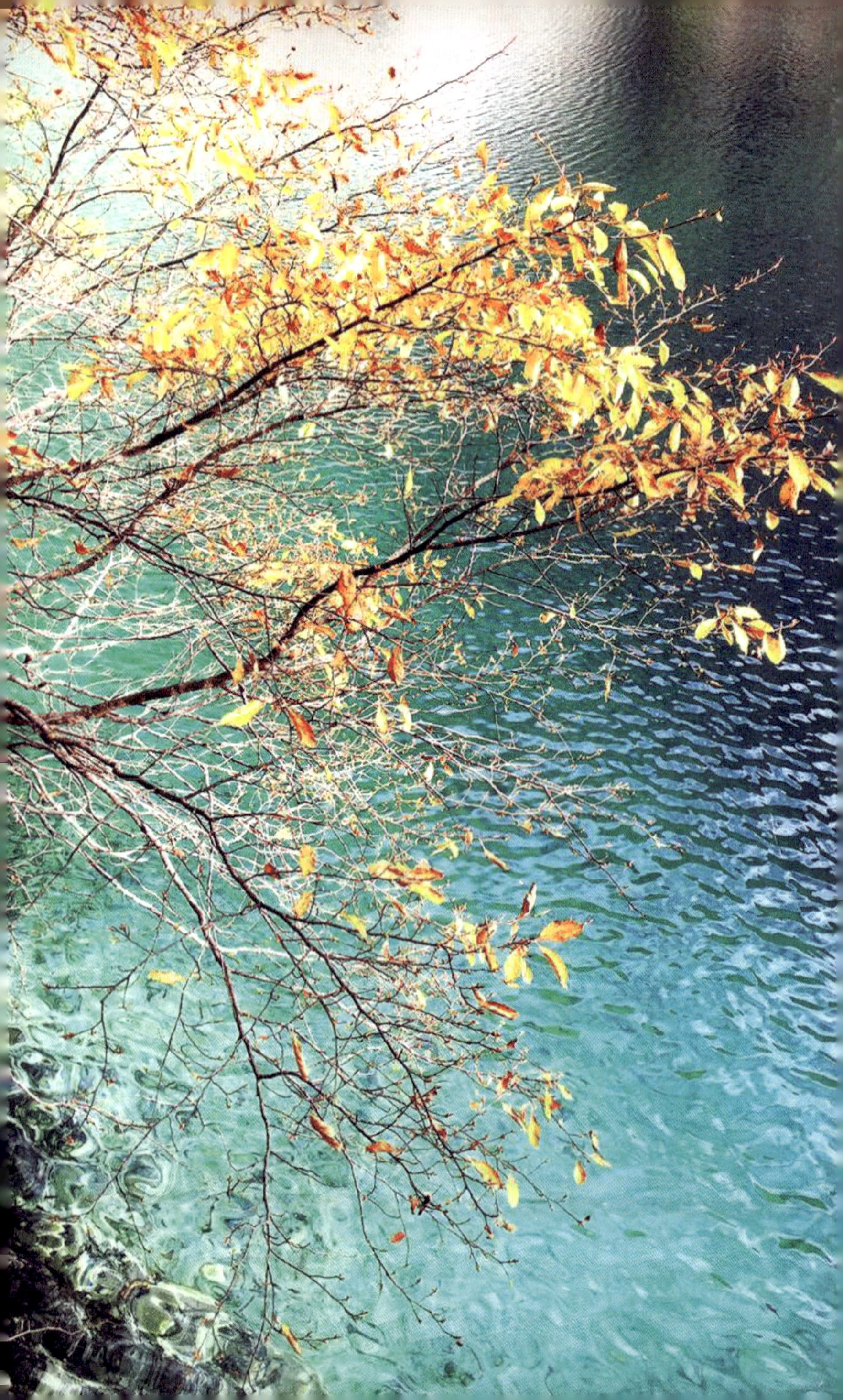

球鞋

许多白色球鞋在我眼前飞。它们踩在这街上,来来回回,反反复复,显得很匆忙。细小而坚硬的碎石铺成的路贯穿了整条街,歪歪斜斜、曲折不直,走在这条路上,你会觉得自己像是一个醉汉,因为你的身体一直在歪歪地摇晃着,倾斜的身体像绵延细软的雨丝,飘飘洒洒地滑入泥土。冬天的时候,这样走着,嘴巴里的热呵气吹到空中可能很快就冻结凝固。街道边卖冰糖葫芦的小贩,缩手缩脚地给顾客找零钱,头顶上的破棉帽子上满是油腻,根本看不清它本身的颜色,帽檐破了一块儿,风一吹就会掀起来,风吹起的破帽檐像是小贩又多了一只耳朵,正在通过它聆听另一个世界的故事;也许在另一个星球上,此刻有一个相貌、身高跟他酷似的男人,可是他们的命运截然不同,也许那个他穿着体面的西装、锃亮的皮鞋，身旁有一位"鲜艳欲滴"的摩登女人，有着高贵的气质和一双魅力十足的眼睛，他们是另外一个世界的人，他们不会穿有破洞的鞋，他们的呵气也不会在寒冬中变成蝙蝠，肆意乱撞。

这条街位于北京的北城。江湖中过去有句俗语来形容北京这座"四九城"的生存状态和发达程度：南贫、北贱、东富、西贵。我就生活在"北贱"的中心位置——前门鲜鱼口大街长巷三条22号，也就是防空洞旁边的那间小平房里。岁岁年年，一年四季，我们全家人就在这里生活，我家的窗户没有玻璃，是用一层层厚厚的牛皮纸和一沓沓的旧报纸交替糊成的，这户人家的户主是我奶奶，我还有两个叔叔，再就是我。

北京的冬天是难熬的，我和两个叔叔都穿着厚厚的僵硬的棉袄睡觉，三个人横着并排睡，那时候我9岁。我们家住在鲜鱼口大街，听起来这里似乎有很多售卖新鲜活鱼的市场，但真不是这样，我那些年从来没有吃过鱼肉，也不知道鱼肉的味道会是怎样的，我最熟悉的食物是大白菜、西葫芦、南瓜。我家的房子紧挨着防空洞，冬天的北京刺骨地寒冷，储藏大白菜是我们这样的家庭必须要做的事情。有一年，奶奶在菜市场买来了50斤大白菜,她求人说好话,好不容易借了个平板三轮车骑着,我坐在白菜的旁边,用小手围住那仅能围得过来的几颗大白菜,回到家把它们全部搬进防空洞,于是这一年冬天,我们全靠它们糊口了。仿佛有了这些白菜,冬天也不会太冷了;仿佛吃完这些大白菜,冬天就会过去了。于是我们一边吃大白菜,一边等街上的白雪被暖暖的阳光融化,等树上的鸟儿多起来……

今天的大栅栏早已变成了北京的一景儿,在过去的某个时候,它摇身一变,成了北京知名的商业区。看报纸得知有关部门的规划新闻,我就想赶在拆迁之前,重新回那条我最熟悉的街道看看,再去踩一踩当年的石板地,再去闻一闻弥漫整条街的油炸糕和烤白薯的香味。街边的前门百货商场、华清池洗浴、宝兴龙炒肝、广和剧场,它们都还好吗,是否改变了模样,是否还记得当年那个怀揣梦想的、灰头土脸的少年,是否还记得那个卖冰棍儿的老人永远紧紧牵着的那只小手,那少年回来了……

趁未动工,我如愿重回了这条街上,它依然拥挤,凌乱不堪,只是做生意的人大多来自外地了,他们的方言似乎跟叫卖的北京小吃格格不入,甚至有点冲突。

再也听不到地道的老北京唱着歌卖冰糖葫芦了，再也听不到那些熟悉的爷爷奶奶大声的老北京腔儿了，近30年了，他们都不在了，都去了天堂，去跟他们的亲人团聚了，在那个世界，相信他们和我的奶奶一样，祥和、安宁，没有痛苦与悲伤。

我的相机及时拍下了长巷三条22号的门牌楼，听说这个小院子很快就要拆掉了，我不敢进去，我怕我会哭出声音来。我家门前的大香椿树还在，那是奶奶亲手种下的，每到夏天，我就会跟奶奶一起坐在树下，摇着大蒲扇子乘凉。奶奶会跟我讲很多很多关于人生哲理的小故事，比如《二十四孝》《弟子规》的故事，通过这些故事告诉我做人的道理，尽管那时候，我像听天书一样糊涂，但长大以后回想起这些才知道，其实它们早就住进了我的心里。

那些年，我在每个清晨出门上学时都会手拿一个窝头，窝头上涂满了厚厚的酱豆腐乳，一路上见到小石子就会踢一下，有时候就踢着它一路走到学校。我的学校离家不远，它叫"长巷四条小学"。我从小就不喜欢数学，直到今天我看见数字的第一反应，仍是习惯地称它们为"哆来咪……"。那些年常常会有小同学举着我的数学作业本到我家"报喜"（告状），数学总是不及格的我,尽管语文超常发挥,也无济于事!数学不喜欢我这个笨小孩,我也不喜欢它。

奶奶不常动手打我,也可能因为反正打了也一样,我的数学还是常常不及格。记忆中有一次奶奶动手打我,我哭了,奶奶也哭了,后来我们就抱在一起哭。

那年春天,学校开春季运动会,老师要求所有同学都要穿白色球鞋一起入场,保持统一和整齐。回到家我迅速翻箱倒柜,我记得姑姑或者小叔叔曾经穿过一双白球鞋,如果找出来,我就不用逼着奶奶再给我买一双新球鞋了。终于,执着的我找到了那双球鞋,但是拿出来一看,我傻眼了,那是一双大拇指处破了个洞的蓝色球鞋。为了应付运动会,第二天我一大早儿就跑到了学校,闯入教室,趁老师、同学们都没来的时候,我用了将近一盒白粉笔,把我的蓝色球鞋涂染成了白色球鞋,接下来的穿帮是因为我参加了300米的短跑比赛,只一圈下来,涂上的白粉笔就消失了,而蓝色球鞋露出了它本来的模样……我被老师骂得狗血淋头,说我出风头,标新立异,不听话,再接下来,就是我在奶奶面前,被告了好大的一个状……

奶奶的每一巴掌都重重地打在我的屁股上,我强忍疼痛,一声不吭。打吧,打我也不想让您再花钱了,为了一个破运动会买双新的白球鞋；打吧，打了我就记住了，记住等自己有出息了，挣钱了，就买 10 双白球鞋给自己穿，穿一双，摆着看那另外的 9 双；打吧，打着打着我和奶奶都哭了，打着打着我就长大了。

球鞋，白色的球鞋，各式各样的白色球鞋，在大栅栏的街景中穿梭，老式的白色回力鞋、白色的耐克鞋、白色的匡威鞋……

整个下午，我都坐在大栅栏街心花园的石凳上，低着头，径自不语，看着那些白色的球鞋远去，留下的，只有无尽的街和泛着油光的石子路。

青春的盛宴

甘于等待，素朴而雅静。甘于寂寞，安静于独处。四季轮回，世事皆无常，唯有内心充盈的慈悲给予我力量。感谢母亲赐生命于我，感谢奶奶哺育之恩！在我生日之际发此宏愿，愿世间祥和平安，少些纷扰，愿老人们安度晚年，愿孩子们自然快乐地成长，愿众生皆平等，愿生命皆能得到尊重。

生日这天我又开始想念家乡，它总是带着一点点潮湿，一点点阴雨，一点点郁郁葱葱的绿。这一切都让我想起幼年时的许多故事，想起街道上四溢的麻辣味，每一句乡音，都那么让人感到亲切……此刻的上海像极了我的家乡，想念你，我的成都，我小时候的故里。如今，物是人非，我也慢慢老去，少了些疯癫的笑语，多了几丝惆怅的回忆。

我喜欢倚在窗前跟自己对话，有时候人活得太清楚，就一定会痛得更透彻，其实妥协于生活，坚持于生命，都是顽强的。

其实我的梦想一点都不遥远，它就在钢的琴上，怎么也没想到长大了可以弹上真正的三角钢琴！就在指尖触碰琴键的瞬间，有一片天堂。儿时的快乐在一架木制的玩具钢琴上，旧的时光"漂白"了青春，却不能磨灭一个音乐家的梦想，因为，我只想弹琴唱歌给你们听，把我自己唱给你们。

每一场青春都是盛宴，我们都曾经历。在心里短短长长、深深浅浅地触摸着……心跳，一次次为谁收紧，想起那吹乱在风中的发梢；又是谁唱了几句儿时的歌谣，让此刻的心脏狂跳！往事如烟，吹开了思念，你，无处不在，似烟弥漫。每个瞬间都有你微笑的脸。雪山下葬着我们的誓言，唯有它，永不变，天晓得我的爱在路上，绵延……

就放我的心，在你的手指尖吧，让它轻触那雨后蔚蓝的天，我独自踱步在雨中的庭院，嗅那朵开满花的莲。此刻，酥雨正绵绵，叙浓了心愿，一丝茶香拂面，湖畔与堤岸间，不远处的人，玉帛搭肩，任风随意吹，发丝乱，轻弄着心事，尤为自怜。雁儿离弦，就替我寄去远方吧,你能否收得到,我那难挨的想念。

在河堤上起舞

我是你的小孩
每个清晨来临前把锋芒收敛
躲在黑暗里,我要做你的宝贝
不用长大
变成你身后微弱的光线

我曾是迷失大海的那一点点
趁夜深时分搭住你的肩
我曾是一只迷茫的小鹿
跳进你深情的眼帘

你快看
晨光正冉冉升起

撞进爱情的怀里

你看你来了

柳色都变得黯淡了

有个小孩在河堤上起舞

河水弄湿了他的舞步

太阳照耀着他的脸庞

浑身湿漉漉

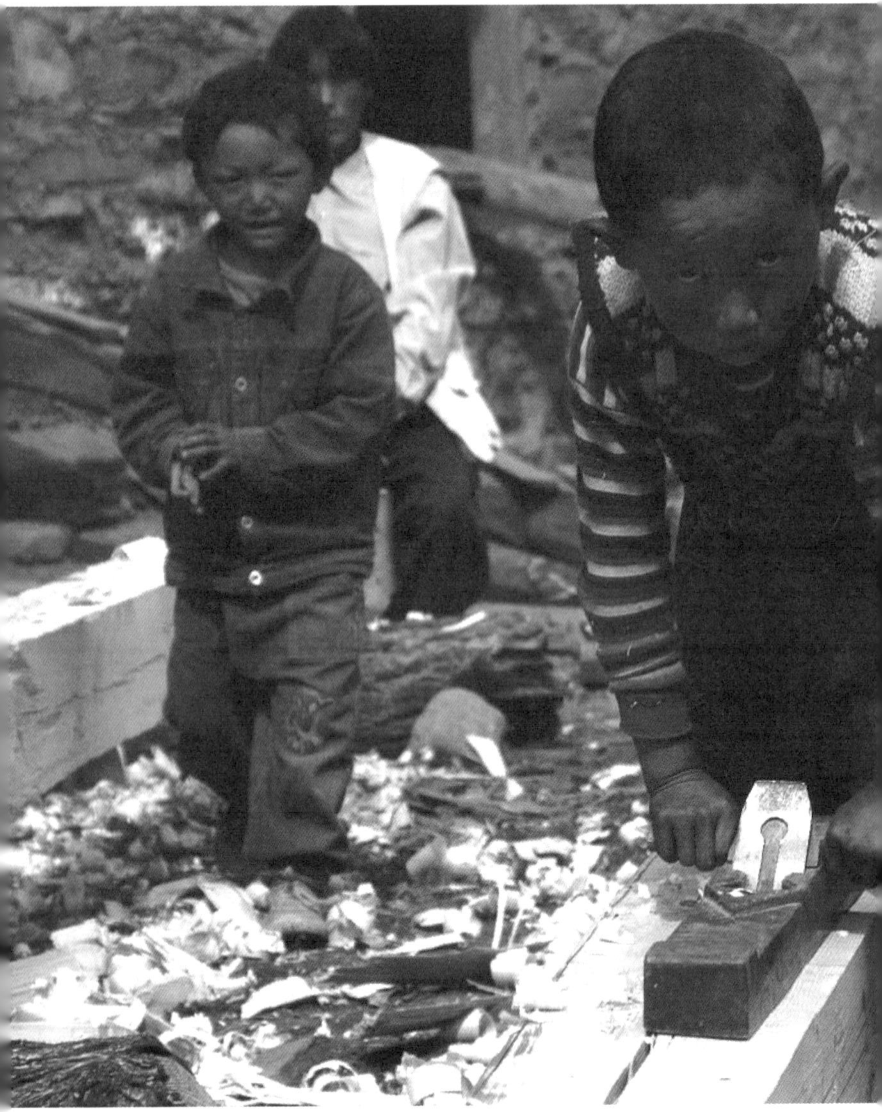

第二章　繁花落尽春秋夏

会再相聚
——写给爱犬

就在今天下午,陪伴我9年的爱犬乖乖遭遇车祸,永远地离开了我!

记得2005年奶奶刚离世时,我每天以泪洗面,乖乖趴在我身边也跟着默默难过。它抬起头,看着我眼里的泪水一颗一颗地滚下来,突然,它试图用小舌头舔干我脸上的泪水……那一刻我感动不已。

我的宝贝乖乖,我好想你!愿你在另一个世界里替我找到奶奶,请她保护你,陪伴你!告诉奶奶我很好,我坚强地活在这个冰冷的世界里。

如果有来生,我愿意永远在你身边,哪怕我也化身一只狗狗,也要做你的玩伴!我爱你乖乖,谢谢你,我的乖乖,在我最困难的时候,你陪伴我,就让我的心陪你下葬吧,愿菩萨保佑你,我的宝贝乖乖,不怕,我们总会再团聚……

2013 年 9 月 29 日

爱犬乖乖过世

坚守

自从2015年我发行了专辑《我爱故我在》之后，至今6年，我始终没有再发行过实体专辑……这期间我只发行过数字单曲。怎么说呢，对从事音乐专业的我来说，有种一言难尽的滋味！

我其实不是一个容易屈服的人，但面对世界的改变，有时又感到很无奈。是的，世界进入数字时代，愈加方便快捷了，听音乐的方式也更多元化了，所以几乎很少有人会再去买唱片回来听了，但在我心里，唱片，是一种坚守，一种情怀，一种态度。我家的唱片散在各个地方，四处都是，我看见它们落了灰，会慢慢帮它们擦去浮尘，我知道它们"老了"……但它们就那样安静地躺在书架上或是某个地方，那份从容淡定，让我能够瞬间穿越时空，回到那个单纯、执着、信心满满的古早年代——街上排着长长的队,只为等一张签了名的新唱片。

今天这张《人间剧场》是我坚持要出的,无所谓有没有人听到,是不是有人会买一张摆在家里,任其落满灰尘……我一个人几乎包揽了全部作品的创作,其中请好朋友王海涛帮忙写了两首词,剩下的都是自己的词曲,所有文案是我写的,风景、静物等图片也都是我自己拍摄的……

没有其他原因,别问我为什么如此固执,只因热爱!不为卖钱,不为宣传,音乐在我的世界里填得满满当当,也应该在每个人的心中留下陪伴的痕迹。有一天我们老了,每打开一张唱片,就会想起一段关于青春的记忆和一个难忘且久远的故事,这样不好吗?

2021 年 11 月 15 日

藏进我的芳华里

我想见到你

却又害怕见到你

我怕自己见到你的那一刻

会像从前那样,不受控制

奋不顾身地爱上你

无论在哪里

何年何月何时何地

每一次遇见

都像是第一回爱上你

然后扑向下一次的粉身碎骨

你已经长进了我的身体

尽管我的躯体已是烂醉如泥

你还是会出现在我如梦初醒的青春里

尽管我已经老去

只有你

让我看得清童趣的自己

只有你

让时光和岁月反射出光芒

然后将你藏进了我的芳华里

反复抽离

2021 年 11 月 10 日

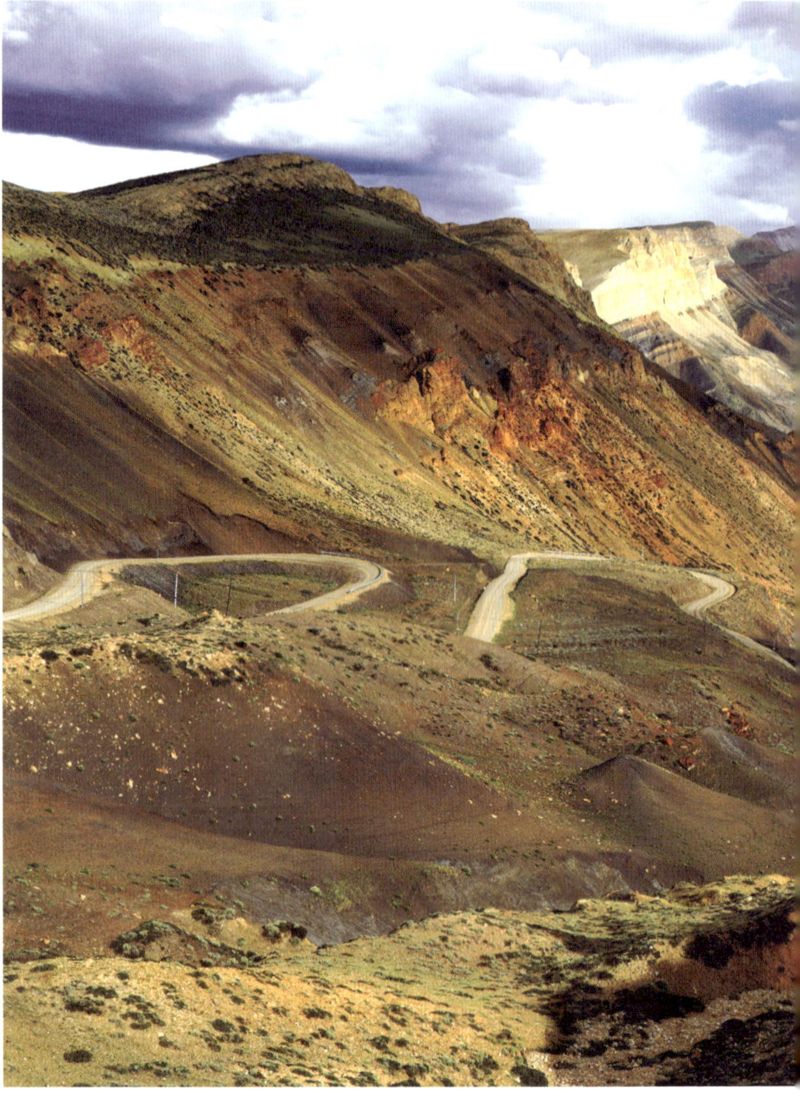

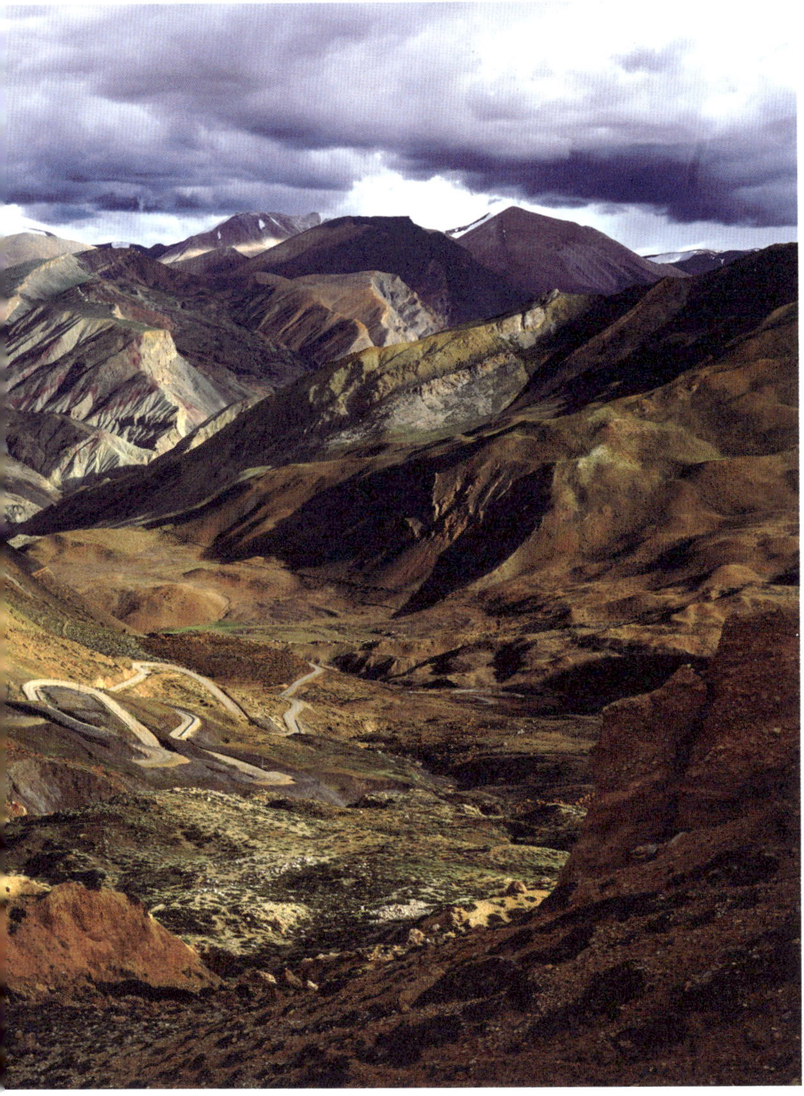

亦如你

是的，我喜欢雨，亦如喜欢你。

在那被雨水淋得湿漉漉的石子小路上，在夜色里，它油光光地泛着亮，我分不清闪光的是月亮，还是远远的你那张清秀的面庞。

我看见有人递给你一把油纸伞，你一边摇着手，一边颔首致谢，径自轻轻地走开了。就那样，你在雨里漫不经心、慢悠悠地走着，月光尾随着你轻盈而满怀心事的步子，不忍打扰。就连月光都不舍得打扰你，你哪儿会知道，追着你的不只是月光，还有一颗扑通通的、即将跳出人间的年轻的心脏。

2023 年 5 月 6 日

在尘土飞扬的人间相遇

雨中我告别了你

也许我的脚步还未走远

瞬间又回来了这里

还未与熟睡中的人

亲吻道别

这个清晨属于分离

熟悉如你

陌生如你

旧事如你

遥远如你

一半是你,一半如迷

海边

我停泊的船只

是为你而预留的

醒来时我已不在

但它会载着你

与我在

尘土飞扬的人间相遇

此刻

我的灵肉

被每一盏油灯照亮

旅途继续,撕裂继续

伤痛也继续

2014 年 10 月 28 日
有感而作

纸短情长

提笔不成章

论爱就心慌

世间情太浅

梦渡鹊桥上

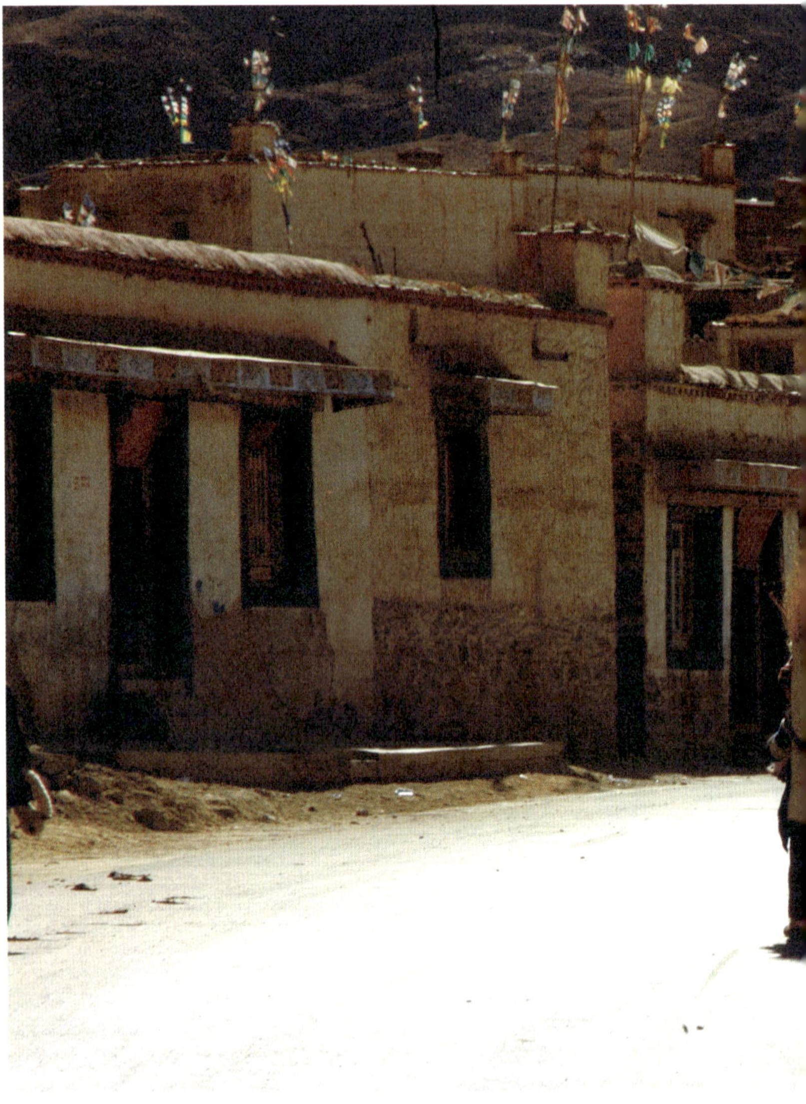

第二章　繁花落尽春秋夏　　083

人间清醒

爱在我的世界里婆娑起舞,如花一般的岁月,够灿烂……我的世界观和价值观都深陷在自我清醒的认知中。

所有那些所谓纪念日、鲜花、甜言蜜语,一切浮夸的行为都是假象、泡沫而已,其实很土!在我看来,相濡以沫,不离不弃,弥留之际走到各自的灵柩前微笑着目送对方……然后把骨灰永远融合在一起,入土为安,这才是最浪漫的一生,是极致的幸福和昂贵的浪漫,不是廉价的……那是我追求的目标。

无论贫穷或富有

我发现自己变了,你说变酷了也好,变成熟了也罢,总之更注重内在的感受,而非表面的噱头。比如,从前我会觉得,谈恋爱就是要大张旗鼓,结婚就是要大肆张扬,大摆宴席,将喜讯告知全世界,与所有人分享幸福,这才是给自己、给爱人、给爱情一个交代。而今呢,在我看来,爱情就如同一湾清澈的小溪,容不得任何干扰,容不得任何杂质,就让它静静而舒缓地流淌就好,婚庆公司可以倒闭了,结婚不用"洒狗血",不用山盟海誓。我见过太多的山盟海誓(各种发毒誓),痛哭流涕,结果呢,离婚的时候面目狰狞,全然没了当初立下铮铮誓言时的样子……

我以为结婚的样子应该是这样的:有一个人,让你爱到无法自拔,她／他之存在,于你如同呼吸和脉搏,没有了她／他，你会觉得日子过得没意思。那就结婚吧，无所谓有没有一纸婚约，无所谓是否要搞一顿乱七八糟的、闹剧般的"排场"婚宴。与你爱的人相濡以沫一辈子，不欺负她／他，不欺骗她／他，专情于你们的家庭，钟情于爱人，与爱人荣辱与共，如此即使牵手过苦日子也是笑着的，胜过一切浮夸的表演。两杯清茶，交杯而啜，没有拥吻，相视一笑，一生很长，一生很短，请多关照。今天，我们就算结婚了。

2020 年 9 月 5 日

学你

我学着你的样子抽烟

学着你的微笑入眠

学着你眯眯着的眼

早已把世界看穿

对你的模仿在每一个举手间

对你的依恋加剧了,每一天

清晨我偷偷看你的脸

那份暖挂在我的嘴角边

2020 年 11 月 4 日

光与影

你坐在我对面

我蜗居在你心里面

你是光明的

我是柔软的

栖息在你的光里

我就变成影子

顺着光束拥住你

蝉鸣在耳畔

如我们的情话

一遍遍

下过雨的夜晚

露水滴在我们的誓言里

没人知道永恒有多远

而我知道爱着你的深深浅浅

2023 年 8 月 29 日

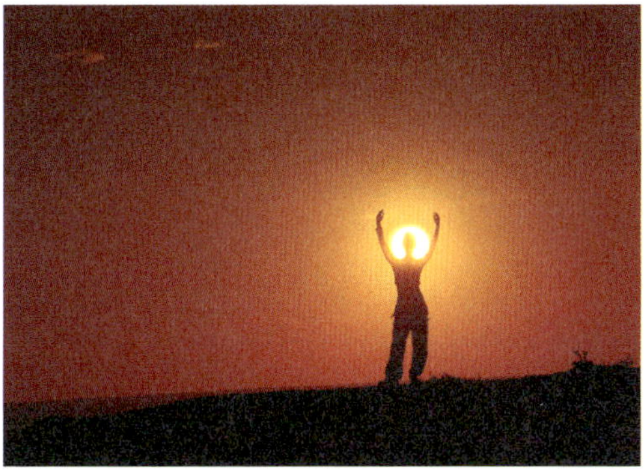

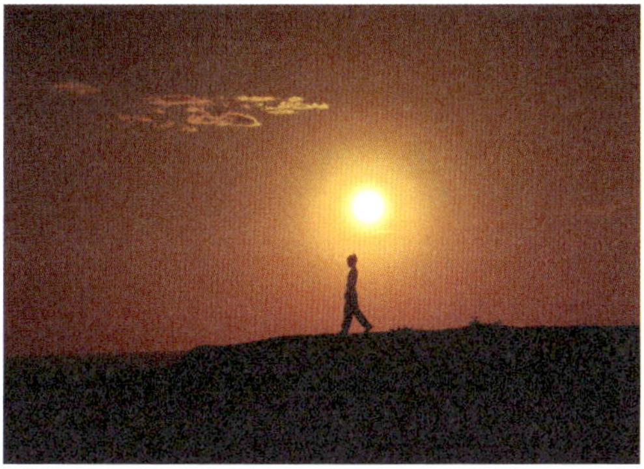

计算

我看见星火漫天开来

那燃爆的遥控器就攥在你的手心里

腾空一跃的是我的躯体

留下仅有的肉体,灵魂,都塞到你手里

要我们一起炸裂

要我们呈花火样招摇过市

要我们化为对灰烬的迷恋

这人间该不该有的爱情

用什么去计算

2023 年 6 月 11 日

纪念日

很多的纪念日

随着分离而忘记

时间让一切都淡忘

唯有伤疤被烙在了身上

你离开我那么久

闭上眼还是你清晰的脸

一切都没变

一切像昨天

唯有岁月挂在了嘴边

2023 年 7 月 25 日

离奇

下雨了

我又想起你了

雨水被寂寞冲刷

滴答滴答滴答

打在屋檐上

打在玻璃前

打在你我模糊的距离里

我该不该坐着老式火车去找你

在那片没有阳光照射的柿子树下

那时用尽了力气拥抱生活和你

在那个北方的陌生城市里

午后的太阳深深刺进了破旧的身体

狼狈不堪,纠缠不已

我就这样抱着自己

穷尽一生，荒唐至极

我知道那是生活留给我的选题

它夺走了你

我拥有过你

生命只是短期

爱情更是个谜

感谢你带我穿过这白雪皑皑的城市

很神秘

感谢我写下来自己的小说

好离奇

2023 年 5 月 6 日

鹊桥又一年

当笔落触碰泛黄的纸

心跳,微微颤

当繁花落尽春秋夏

咫尺天涯,不相见

春如旧,人空瘦

梨花小窗人病酒

月牙刚露小尖尖

听笛箫悠荡风迢迢

不禁潸然,湿披肩

今日鹊桥又一年

你我何时才相会

重逢在这人世里

2020 年 8 月 25 日

七夕之念

薄冰之下

我醒来了

在醒来与睡去之间

窗外听不见鸟儿的叫声了

我知道快冬天了

河水快要结冰了

像你我凝固了的爱情

薄冰之下暗涌着似火的流年

有只猫头鹰望着前方

用血红的眼睛认真地看着宿醉的青春

2023 年 11 月 20 日
于长沙

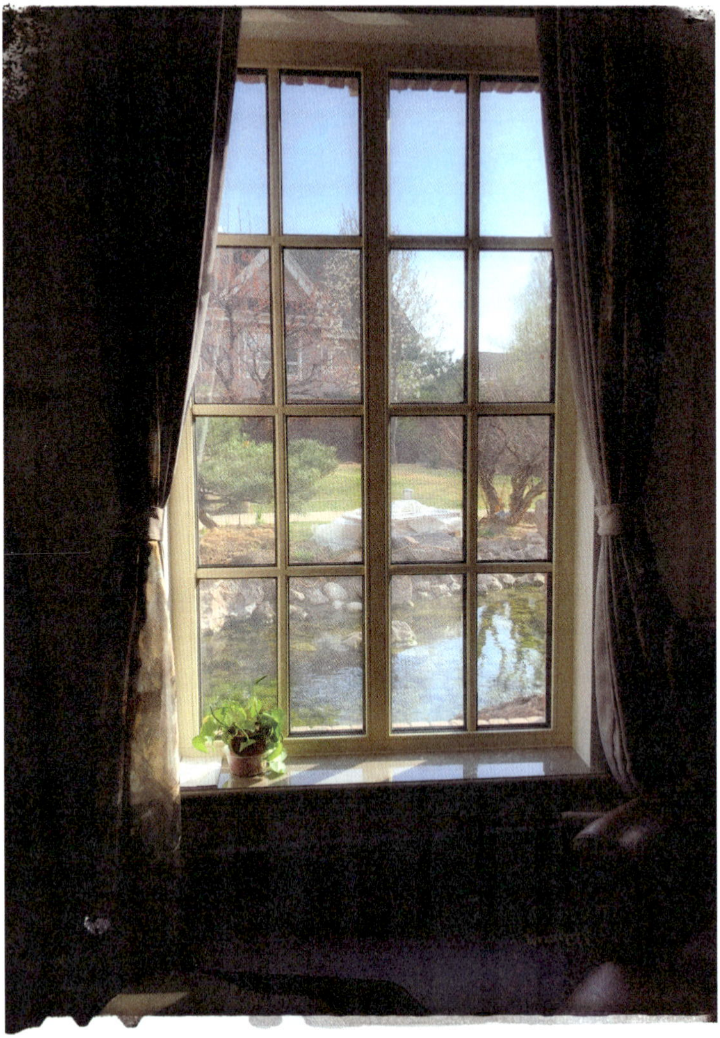

雕刻在窗户上的日子

你是一株草

八万里外

闻得到你的香

我把过往的日子

雕刻在了窗户上

你飞来

就可以数得清

那一段段，一行行

滴在尘埃里的忧伤

2023 年 8 月 24 日

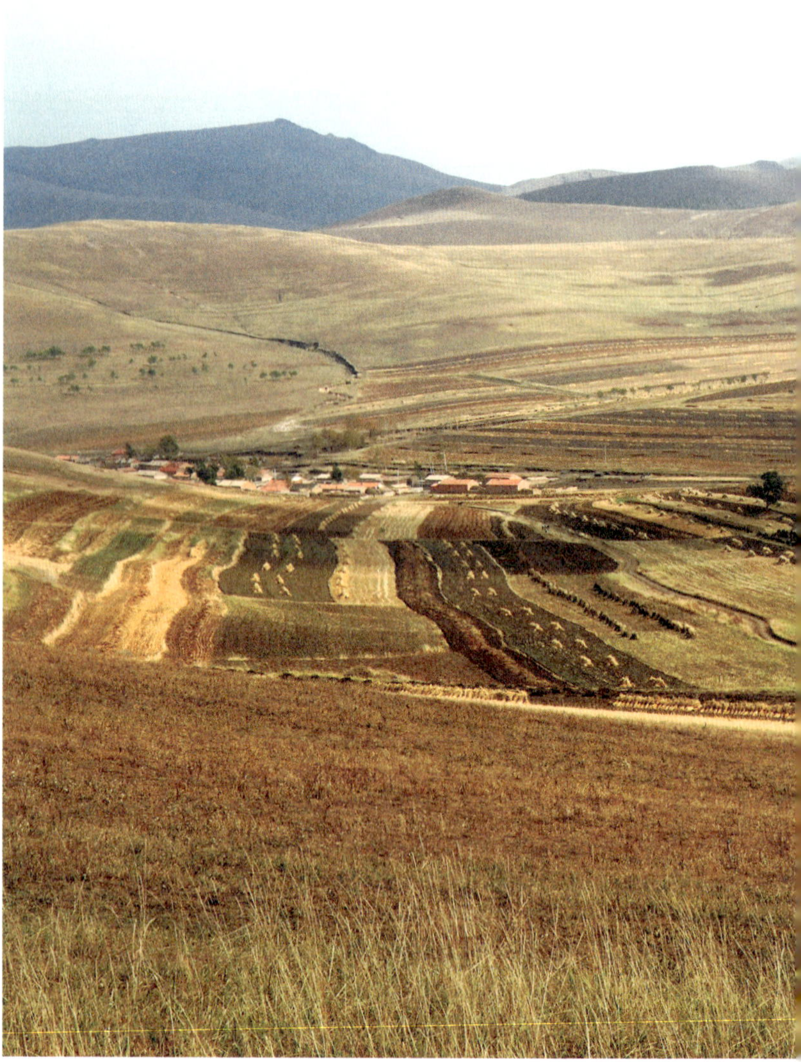

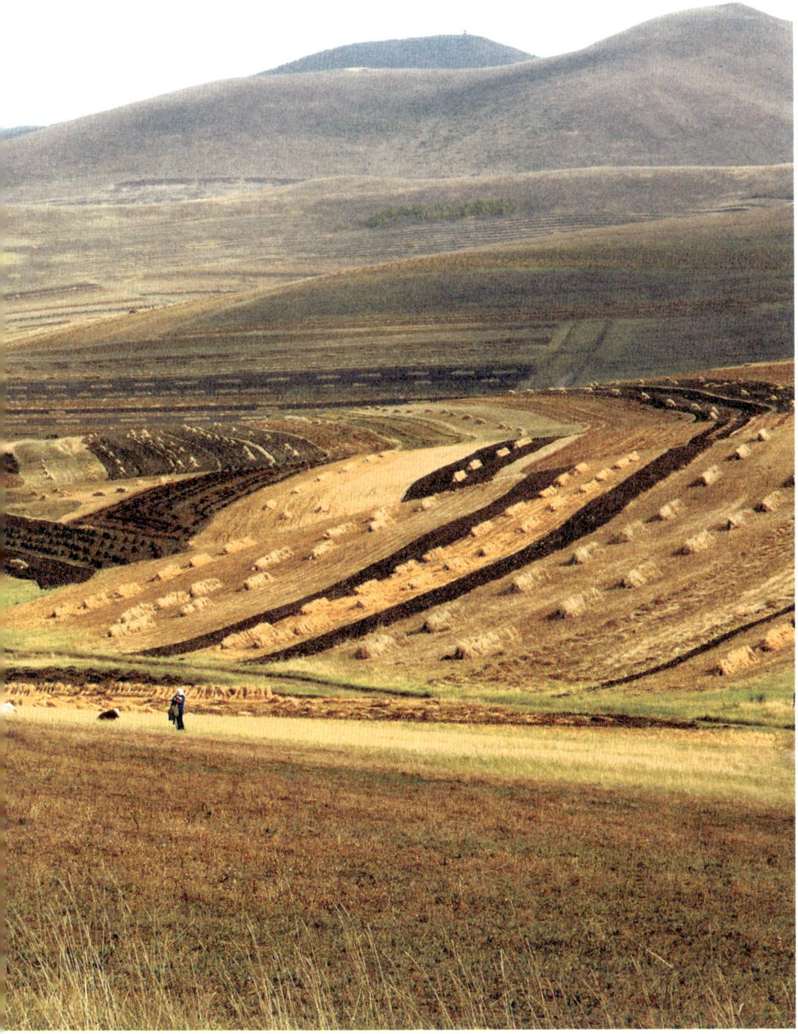

仰望

直到醒来的那一刻

我面对死亡

梦中的星星都不见了

我羞愧于没能留住它们

野火烧焦了树枝，吱吱响

像被风吹破的纸张

用鲜血滴在上面

染红了雪白的蝴蝶兰

我爱你

如爱着我的一贫如洗

只有夜晚来临

我们才能相依

在暗夜里相互仰望

没有希望也不谈退路

只是妄想

去远方

野灵魂

谁能够留住我

这荒山还是这大漠

这胡杨树影子的寂寥

随烽烟一年一年消磨

河水流过,传书的信鸽

告诉我的爱人吧

我即将陨落

那花朵被肆意摆弄着

开着,落着,轮回着

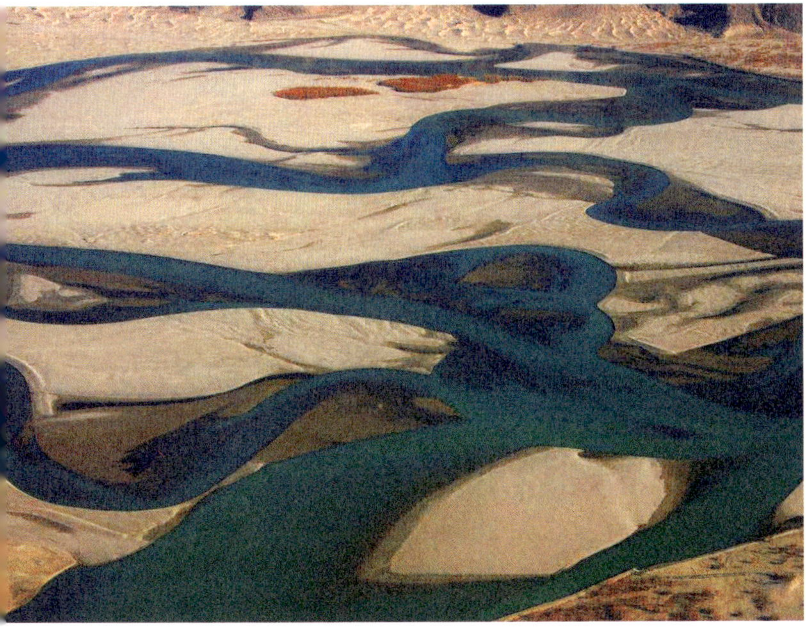

叶落雨归云

秋风叶落雨归云

晓霜细雨蒙七夕

珍藏书笺床前月

一夜抒怀入吾心

2023 年 9 月 13 日

于京寒舍

生生重逢

看见你的身影在经殿中

眼神流动着悲悯光影

穿过经幡摇曳的烛火

温暖的脸颊微红闪过

游离轮回几番艰苦

缱绻誓言安住于宝座

几世遇见,几世悲歌

再相见已泪眼滂沱

你我生生重逢,世世交错

再轮回又六道

感念这婆娑

感恩又重合

2023 年 8 月 11 日

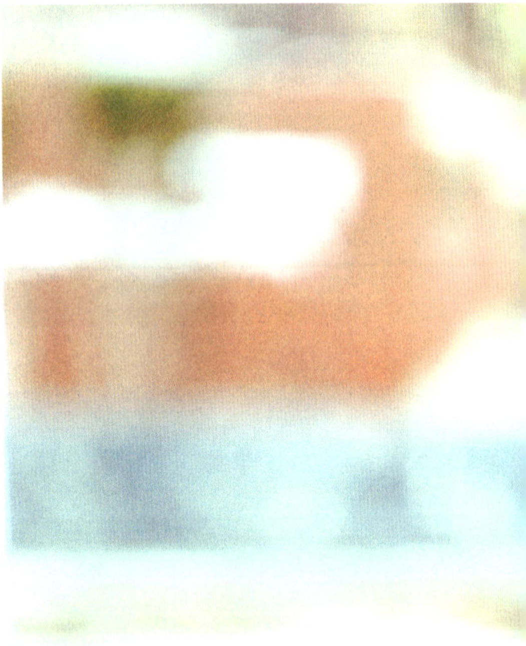

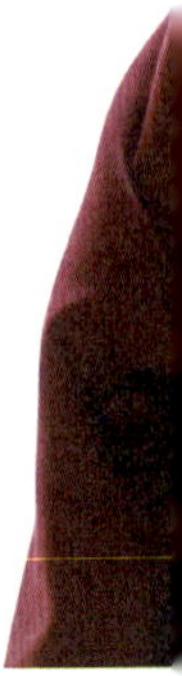

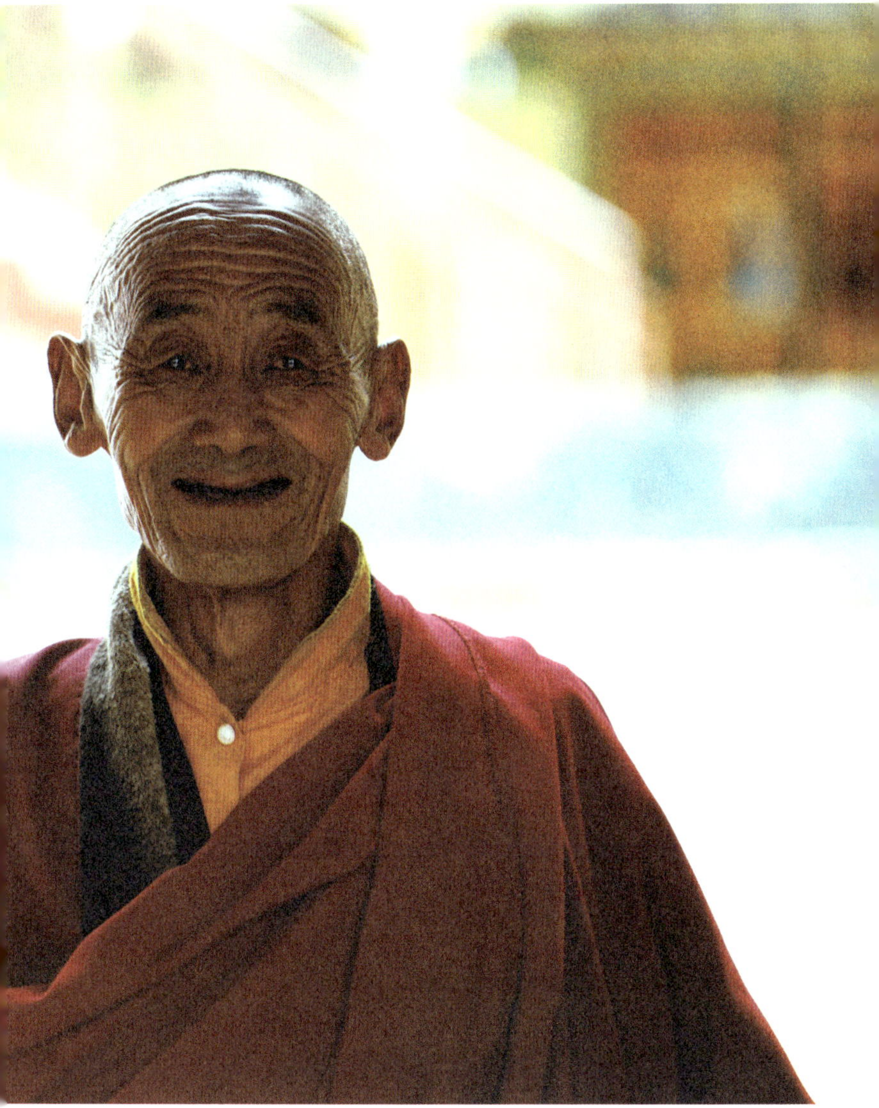

甘愿老去的时光

壁炉闪着火光

摇椅上懒猫打着呼噜

我抬眼望见窗外的落叶

你手上捧着杯咖啡

热烈地冒出雾气

秋天究竟有多好呢

连时光都甘愿老去

你到底有多好呢

连生命都愿意为你

终结于此地

谁说的生活一言难尽

它不就应该是眼前的景

俗气的,婆妈的,你死我活的

第二章　繁花落尽春秋夏　　109

包裹清晨的寂寞与干裂

没人知道我的浪漫在哪里

是的,亲爱的,你听我说

我的浪漫呢

它早就消失了

消弭于来这人间的路上

情人节,我会送你最贵的礼物

就将我的心,整理一番

用清晨的寂寞与干裂,包裹起来

送到你,沾满咖啡的唇边

等着你的泡沫润浸

2024 年 2 月 14 日 21 点 14 分

春天

如果你是春天树枝上的新芽

请让我做你的秋天吧

守候你落下的那个瞬间

陪你扎进泥土

生生还还

2020 年 10 月 28 日

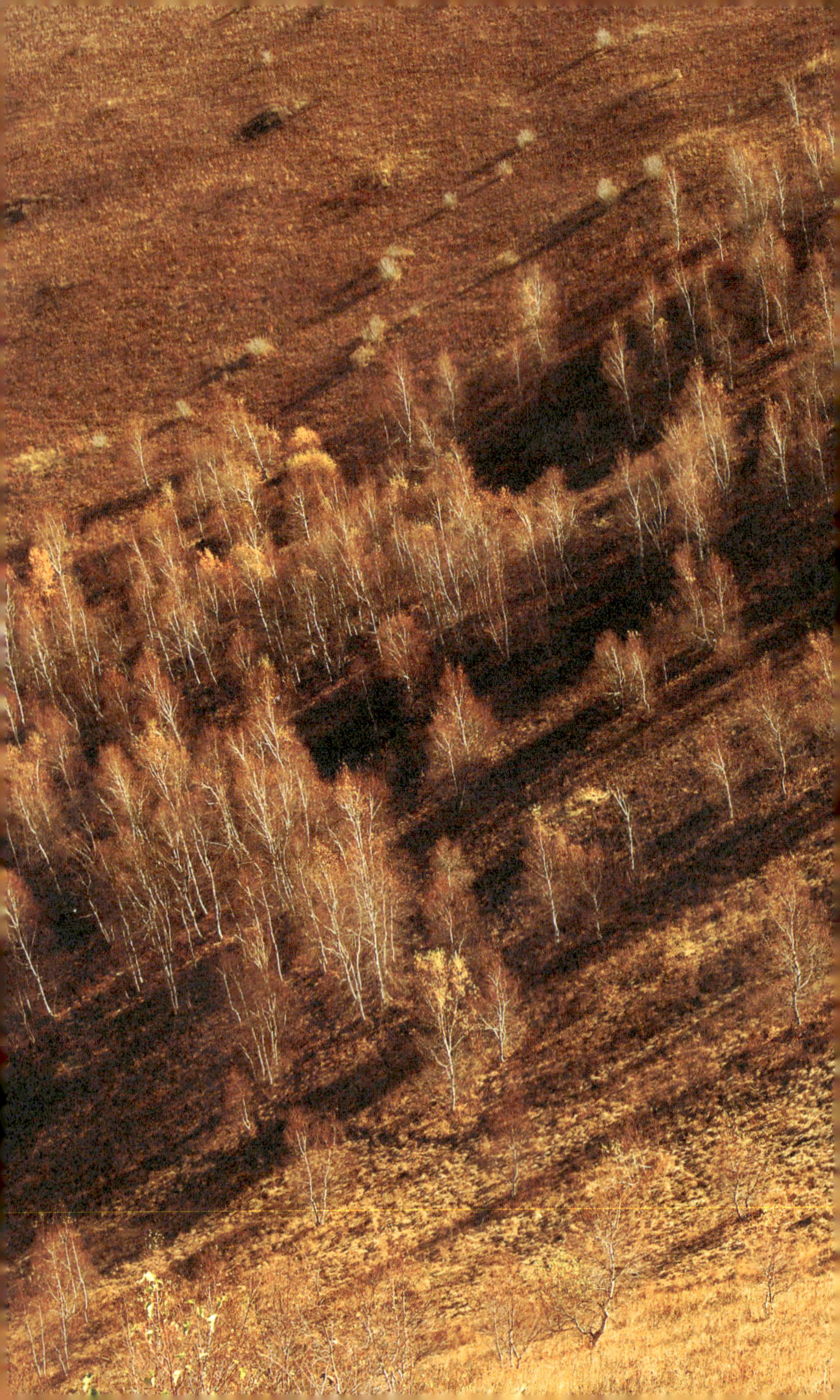

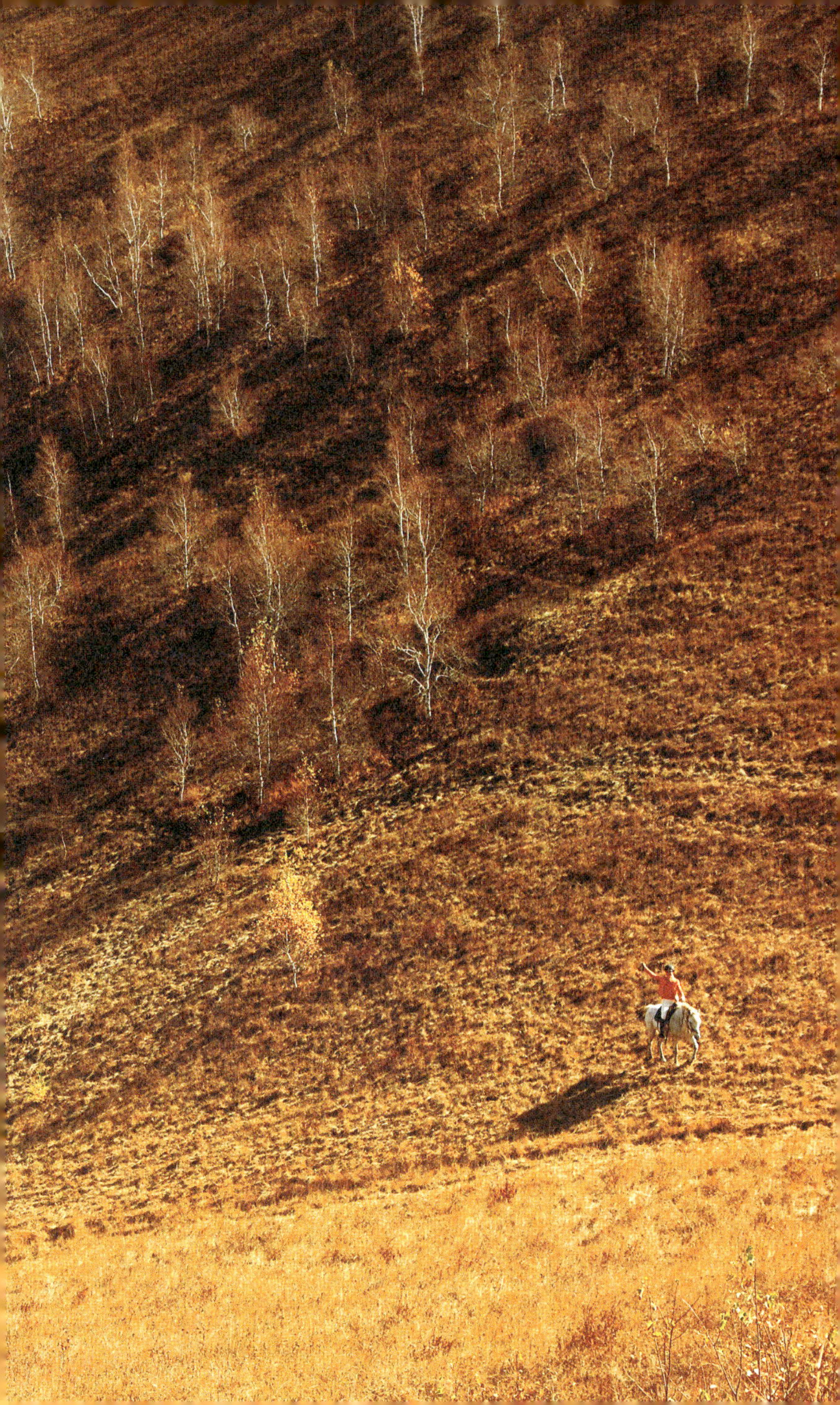

蚊子

我是你生命中的昙花一现

还是每晚准时挂在你窗前的月光笑脸

摸不到够不着却至死不渝

我想我该是一片羽毛

当夜晚出现寒冬来临

吸住我的身体在窗棂上伴你呼吸

我想就让我是一只蚊子吧

夏日里靠近你的脸颊

害羞并用力地亲吻你

告诉你我爱你

如平常的四季

盼也来，不盼也在

2020 年 9 月 4 日

被灼烧的时光

我的灵魂在火炉上烤

人言的枷锁被列入了圈套

放逐的誓言肆意挥霍毒药

浓情，假意，随便烧

把一封封家书缝进残破的衣角

在漫漫长夜里看时光被灼烧

2021 年 4 月 8 日

心田里

想独自面对海
一扇窗,粗棉被
摘一抹残阳做书笺
不忧不惧,无惊无险

我把海水包裹成想念
揉碎了,吹去你心田
却一时不知如何邮寄

海风吹起,你夹在云雾里
它吹来了你爱的外衣
慌忙收起
我感应到,那就是你

我知道在未来

有了我的你

从此再不会怕风，怕雨

2020 年 4 月 24 日

人生这场戏

我看着你推门而入

我看着你夺门而出

我看着你把脸转过去

掩面而哭

我看着淡绿色的桌椅

被你染成血红

我看着那昏暗的街道

我看着街角那间咖啡屋

我看着路灯突然跑了起来

像要超越酒鬼肚子里的迷物

我看着你推门而入

我看着你将自己结束

我看着你的魂魄趴在墙上

对一只壁虎笑着说

嗨，我的故事结束了

你请继续

看完人生这场戏

看下去，看下去

       2023 年 10 月 14 日

        于飞机上

一生军人魂

至此，我脱下了军装，但仍具军人魂。

二十七年尽忠无悔，今日含泪解甲归田，尽孝道。从此山水间做神仙，朝圣的路上再遇见，心怀感恩，悲悯不变。

母校教会我的

30年前的某天,一个满脸稚气的青年,懵懂无知地闯入了中国音乐学院的校门,用全部热忱紧紧地抱住音乐,再不松手。从此,音乐成了她的外衣,为她挡风遮雨。今天,梦想终于成真,她写出了人生中第一个器乐作品,与所有朋友们见面……多幸运,她尚能保持自我,超脱名利得失,依顺于自己的内心。这个世界总会有一些人,遵从召唤去寻找高尚、神圣和精神之光的意义。如果你也和她一样,请坚持梦想,直到我们仰望天空的最后一刻……

2023年8月25日

二月三日的独白

二月三日的风

吹过你曾站立的街角

你在那里等过我

我数着路灯

像数着不敢说出的心结

玻璃窗上

雾气勾勒你的轮廓

我伸手擦拭

却只触到一片潮湿的空白

黄昏的站台

影子被拉得很长

我站在这里

等一辆不会停靠的列车

终点站是你

夜晚的钟声

敲碎了所有假设

我数着星星

像数着那些未曾寄出的信笺

而风

依然吹过你曾站立的街角

带着我无法投递的

独白

2025 年 2 月 3 日 17 点 45 分

夏潮

我抬头看着那棵树

于是我被挂了上去

变成一只布偶

东摇西晃着身体

像夏日里赶来的潮气

第二章　繁花落尽春秋夏　125

Chapter Three
第三章

烟火人间

不受人间俗世俗身左右 / 不为现世荒唐无知,
厚颜贪婪而悲悯 / 不言看穿之人,看破之事 /
不畏将来道路崎岖或平坦

I, the Masked Poet
我与蒙面诗人

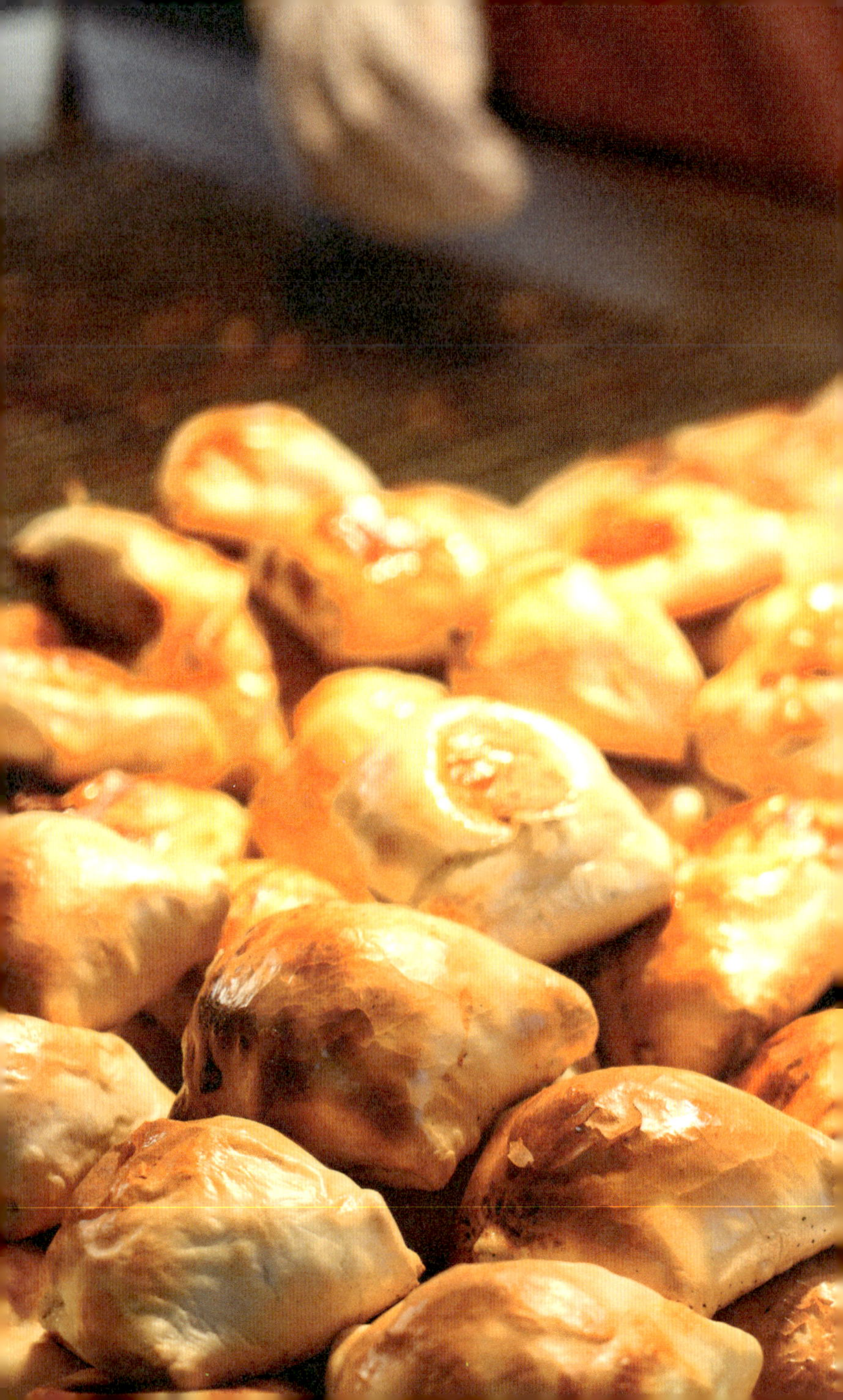

烟火与人间

我看见了梦里的姑娘,也看见了姑娘划的小船。我听见小桥流水水潺潺,也听见了吴侬软语声声慢。

烟火与雾岚、繁华与恬淡、短暂与久远,都付此刻,人世间。

2021 年 8 月 5 日

如灰烬,如生活

她提着湖水走过来

晃着,洒着,遗落着

每一处

都是地图

标记着心痛的每段路

她提着孤独走过来

与青春撞了个满怀

每一步

都是必吃的苦

容不得含糊

她提着灯笼走过来

微弱的烛火

照着额上的汗珠

孤独咸得发涩

欲望膨胀出时间的花火

照着你生

燃着你落

如灰烬

如生活

2024 年 8 月 16 日

于吉林四平

在路上

奔驰在高速的路上

我看见了一头牛和一只羊

它们自在慵懒交谈着,对一切不以为然

它们并不知道下一站停靠在哪个农场或者屠宰场

我乘坐的车飞速而过

那头牛和那只羊

谁知道你们的命运在何方

而我呢,我的命运又在何方

牛和羊,我和你,并不慌张

因为殊途同归,都在路上

2021 年 10 月 23 日

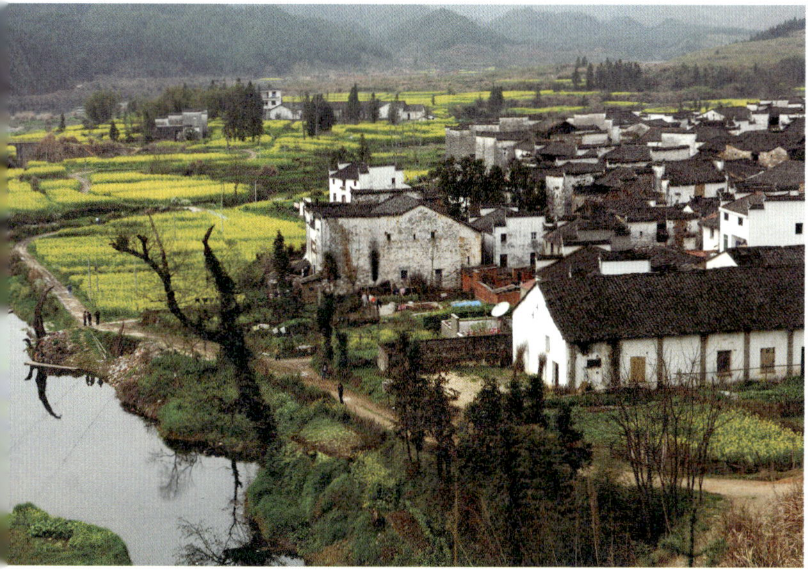

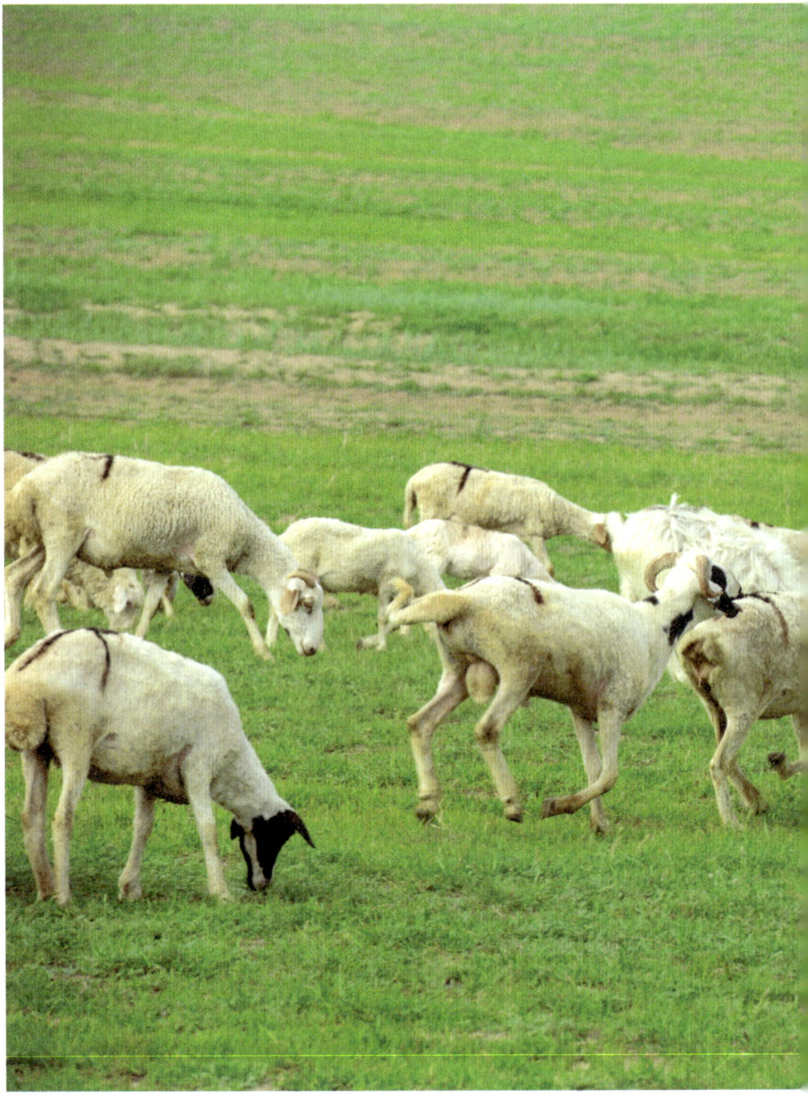

第三章　烟火人间　　135

写给法比安

天身上

涂了一层灰褐色

夜幕下

你和他相拥

那似水的眼睛

像骄阳夺目又神秘

那里面有生命设定的秘语

她闯进法比安的生活里

灿烂着迷惑着狂野着捉迷藏

被漂白的生活

格子里的色彩再绚丽也是在格子里囚禁着

被肆意无情漂白的生活亮着亮着就发了霉

2023 年 11 月 7 日

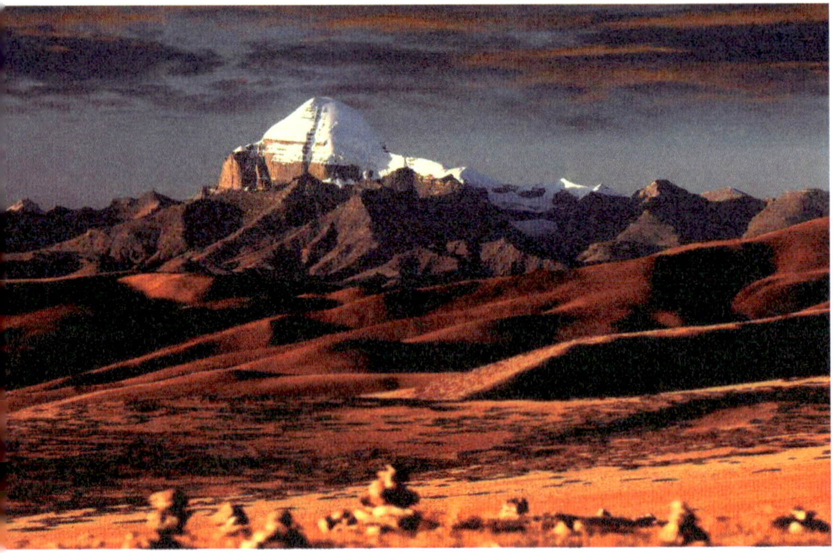

让爱成茧

我把窗外想象成草原

每一个光点都是奔腾的骏马

我把天空想象成群山

在海水的呼应下变成蔚蓝

我把枯草想象成麦田

金黄色的阳光下

你和孩子们打闹着跑进田间

我把这一刻凝固成胶片

任凭时间怎样磨砺

让这爱成茧

愿爱牢固而长久

别短暂

2021 年 5 月 30 日

藏身

我相信每个人都有特别疲惫的时候，有的人是工作累得不行；有的人是压力太大，无处释放；有的人是玩累了，无所事事，待烦了……呵，人活着就有各种累、各种疲惫和各种活着的不解。

我累的时候，就选择自欺欺人的方法，假装不认识自己了，去到那个常去的云南小镇。小镇安静而又有浓烈的活着的味道，每天睡到午后，消磨着时光，做一个买菜煮饭的小朋友，脱掉盔甲，摘去超人的面具，只是我这庞大的肉身怎么也遮不住，这时候我多羡慕小瘦子们，可以随便伪装。我每天睡到腰疼才起床，去菜市场多半已经买不到太多新鲜的菜了，可是我喜欢闻菜市场那特有的味道，鲜红欲滴的辣椒，扑面而来的麻椒味，一切都是活生生的。我和朋友小玉漫不经心地走在菜市场中。

小王和女朋友小玉是一对冤家,从上附中两个人就在一起,一路打闹,一路撕扯到现在 10 年了,听朋友说他们不知道已经分手多少次了,每次分手都跟要英勇就义了似的,然后又和好,每到分手之后再好,都比以前更相爱了。至少在我们这些朋友眼里,是这样的。如此一来大家倒也觉得闹就闹吧,只要能增进感情就行。接下来,关于他们分分合合的故事,人们显然不再关注。

小王和小玉大学时是同班同学,毕业后没能分到一个单位,但是两个人对彼此一直深情似海,这让许多同学很是羡慕,他们虽说是恋人,但从外形上看起来并不太登对!小王,瘦弱得好像一阵秋风就能将其吹倒,笑起来倒是很秀气,只是那双眼睛,不仅小,还是一对肉泡眼,但在他女朋友小玉眼里,他有着韩国明星一样的"电眼"。小玉,面容姣好,只是浑身上下的腱子肉,尤其是小腿的肌肉,让人望而生畏。她发脾气的时候,常常只一脚,小王就飞出去了,爬起来的小王,肉泡眼更肿了……小王喜欢唱歌,但其实他的嗓子有点"娘炮"[1],小玉喜欢周杰伦,于是小王

---

1 娘炮,网络用语,指男性表现出典型的女性化倾向,多含贬义。

豁着命练周杰伦的歌。可是由于他和周杰伦的声线不同，所以模仿起来并不容易。每次陪他去K歌他总要问："今天怎么样，像吗？"而我的答案完全看心情，有时候心情好了我会说"还不错呀"，有时候只是送他一句"无力吐槽"。

印象中这对恋人最厉害的一次分手是在一个大冬天，小玉的脾气爆发在先，小王也不闲着，动手要打小玉，小玉忍无可忍，飞奔而出，半夜敲开我家的门。我还没去开门，穿衣服的工夫，我家狗宝宝"儿子"已经率先冲到门前。门外的小玉红着脸，哭诉着小王那不为人知的一面。小王有了外遇，可能是因为小玉脾气不好，而外面的女人更温柔体贴吧。但该死的小王完全忽略了，从上学以来小玉是怎样爱着他、照顾他的了。一年又一年，小玉从不嫌弃小王穷。现在的一些漂亮姑娘，不出去找个有钱人都觉得没面子，个个不都是手拎爱马仕或者香奈儿？当然，其中不乏从淘宝买来的超A货[1]。我另外一个姐妹儿当知道自己手中的Birkin[2]是淘宝产物后，不出一周就跟她男朋友吹

---

[1] 超A货，一般指"高仿奢侈品"。
[2] Birkin，爱马仕推出的一款手提包，价格昂贵，十分受欢迎。

了，而小玉跟小王的恋爱带着浓厚的青春和校园气息，他们一路走来，历经千辛万苦，相依为命，终于熬到两个人一起在偌大的北京租上房买上了车，可是男孩那边出现了第三者。快到凌晨的时候，小玉还是不忍心小王找不到她，于是打开了手机，顿时进来了足足一百多条信息，小玉慌乱地、急迫地看着……"坏了，他出事了，他要自杀，在外面冻了一夜，冻僵了，我们赶紧去接他吧，他在抽搐，他心脏不好。"我一脸无奈："天哪，又来了。"

就这样，他们又一次和好了。

这一次我们来这里，依然是小王深情地牵着小玉的手。

后来听朋友说起2014年的某个春日，小玉独自去了我们常去的云南小镇，不出所料，这一次他们真的分手了。再后来，听说小王找了当初那个他"外遇"的女孩，而小玉呢？

依然是那个小而杂乱的菜市场，迎面走来的小王脸上多了几分成熟，更多了几分温存。她在小镇上开了个小店，一来为了生存，二来也是为了祭奠青春。

又过了一年，时光一点不留情面地飞转，有人说在长春的大街上看见了小玉，她把自己包裹得很严，似乎想忘记自己。她将自己藏身在这遥远而寒冷的北方，很冷，很陌生。此时，小玉，已为人妻。当然，新郎不是小玉。

废墟

  我从小就惧怕分离,哪怕是午后的阳光慢慢隐去,哪怕是树底下那束光不再通体发亮之后我走出了自己的影子……在我看来,都是分离,都一样冰冷,令人恐惧。

  我在没有遮挡的田埂上横冲直撞地癫走着,试图迎着低飞的鸟撞上去。我承认我在故意找茬儿。很遗憾,这里空荡如浩瀚星际,只有风向我挥舞着利刃,每一下划过,脸上都有被刀割破的痕迹。

  回忆,是痛苦的,很多回忆尸骨未寒就已经烟消云散,很多回忆则如垃圾堆成山,化为一片废墟。

2023 年 3 月 17 日

思念的回响

这一季的北京像是南方,雨水不再是强烈倾盆地来,而是选择漫舞般地洒落,就像落叶轻盈而至。

这一季的西藏该有怎样的天空呢?我愿意用半辈子的时间来想念,想念那个遥远天边的家乡、那个永远干燥缺氧的地方,想念那个陌生又熟悉的"我的家"。

此刻,我已经忘了自己身处何方,汽车行驶到了一座完全陌生的城市,我根本不知道这是哪里,只能从路人的衣着打扮辨出几分江南的味道,远处水面上泛舟的男人和女人交谈着……我摇下了车窗,一股清新的泥土的味道扑面而来,我已经很久没有闻到这种湿漉漉的气味了,于是开始贪婪地嗅取……我的手竟然情不自禁地伸出了车窗,看着雨水在手指尖上舞蹈,我知道它们是快乐的!因为它们可以这样自由地与泥土、与村庄一同逍遥。我幻想如果自己能在这样的情景中与谁对话，我会选择一个不太出众的午后，泡上一杯淡淡的白茶，那么此刻的平凡也会显得格外优雅，也许，这是我真正喜欢的生活。用小资女性的话说："天哪，我崩溃了！"是被这份自然和平常感动得崩溃了，或者换句话说——"我被融化了"。我喜欢并且期待这样被融化，只可惜现今的生活中很少有机会可以被什么融化了，许多人的心都变得坚固而木讷。我的生活就是这样，每天都穿梭在城市与乡村之间，这既是我的幸运，又是我的不幸。我所幸之处是可以在繁花似锦的大都市将我压得窒息的时候，有机会来乡村的田埂上走走，看看绿色，这在当下居然变成了一种奢侈，我静心感受着秋野与碧空的浑然一色；我不幸之处是每当我从乡村回到北京的时候，一时间怎么也回不过神来，仿佛几天后才能从睡梦中苏醒。这让我想起去年末从西藏老家回到北京后的那些冗长而寂寥的日子……

在拉萨的小咖啡店里，我写下了一段文字："几乎是被白云覆盖着，几乎是被泪水包围着，几乎是被喜悦浸透着，我是这样想念你……"

从老家回来好一阵子了，我仍在不停地思念，每天全靠那些从家乡拍的照片支撑。

当我躺在繁华都市柔软的席梦思床上的时候,我仍然可以听见清脆的铃铛声回响在群山之间,它们越来越近,直捣我的心脏。没有一种响声可以这样宁静,没有一种荒凉可以这样饱满。

天刚刚透出一线光亮,薄雾就从山与山之间弥漫升腾了,圣湖的水波微笑荡动,用渴望的眼神收集甘露和清泉,然后流向这片丰饶的土地。我的美好家园正向滚滚红尘中挣扎的世人传递着神秘的生命消息,听到这个消息,你就听到了宁静、虔诚,听到了爱的力量和生命的喜悦!我该用怎样的语言来讲述我对西藏的想念呢?我的然乌湖、我的波密小城、我的昌都家园,它们早已化为雅鲁藏布江的江水,倒映在我家那用白纸糊成的窗户上,点点斑驳,月光之下请允许我轻轻啜饮,圣湖的水慢慢地进入我的身体,融合着我的血液,骄傲地歌唱!

我仍会在这里默默地守望,我知道自己是多么富有,因为我的思想可以畅游于现实与未来之间;因为我有足够的幻想和脑容量用于想念;因为我知道当牛背上牧童的短笛一次次吹响的时候,我可以自由飞翔——飞到我的家乡,飞回我拉萨的天堂。

瞬间与永恒

老天

你让我成为小孩

降临世间

哆哆嗦嗦触摸着人间

似懂非懂地看这人烟

没多久

一切骤变

仿佛瞬间

柔软的都变坚硬

人类开始了他们麻木不仁的宿命

2023 年 2 月 24 日

150　我与蒙面诗人

第三章　烟火人间　　151

美的冒险

那扇门,我推不开却看得见
然而你,我遇不到也看不见
风吹起了尘沙,追啊追
这是城市最拿得出手的惊艳
初冬和触动在一起被纠缠
你就这样与孤独起舞翩翩
说不定,孤独才是美的冒险

2021 年 12 月 3 日
于北京

禅寺风满楼

南山湖下柳,

落日吞入喉。

乘月西子游,

余晖风满楼。

心上开出一朵花

把耳朵捂上

我心里就开出了花儿

开出一朵朵五颜六色的花儿

只有心够大才能什么都装得下

从远处跑来一个小孩

气冲冲拿着一只蝴蝶

他对我说

蝴蝶粘住了他的手指

我说,你怎么满嘴瞎话

哪只蝴蝶不想自由地飞

小孩笑了

突然我发现

这是一只被绳线套住的蝴蝶

它在阳光下挣扎

身体已经支离破碎

它用尽全身力气

扑啦啦

终于与天空融为一体

变成了鹅毛般的

轻飘飘地掉了一地

热闹

我看见一群人在天上跑

像一只只用糖纸糊成的风筝在空中飘

我看见一只只乌鸦在地上跑

远远望去像弄脏了的人行道

我看见青蛙和乌鸦大声争吵

楼群中穿梭着的人影

个个张牙舞爪

西风出来,东风闹

热闹还真不算少

2023 年 6 月 16 日

人间地狱

我脱下来的袈裟

永久留在了殿堂里

你曾读过的诗歌

一夜间变成了经幡

诗人落泪并静默坐下

那是他迷恋过的地狱

却是喇嘛长久咏颂的人间

2023 年 9 月 29 日

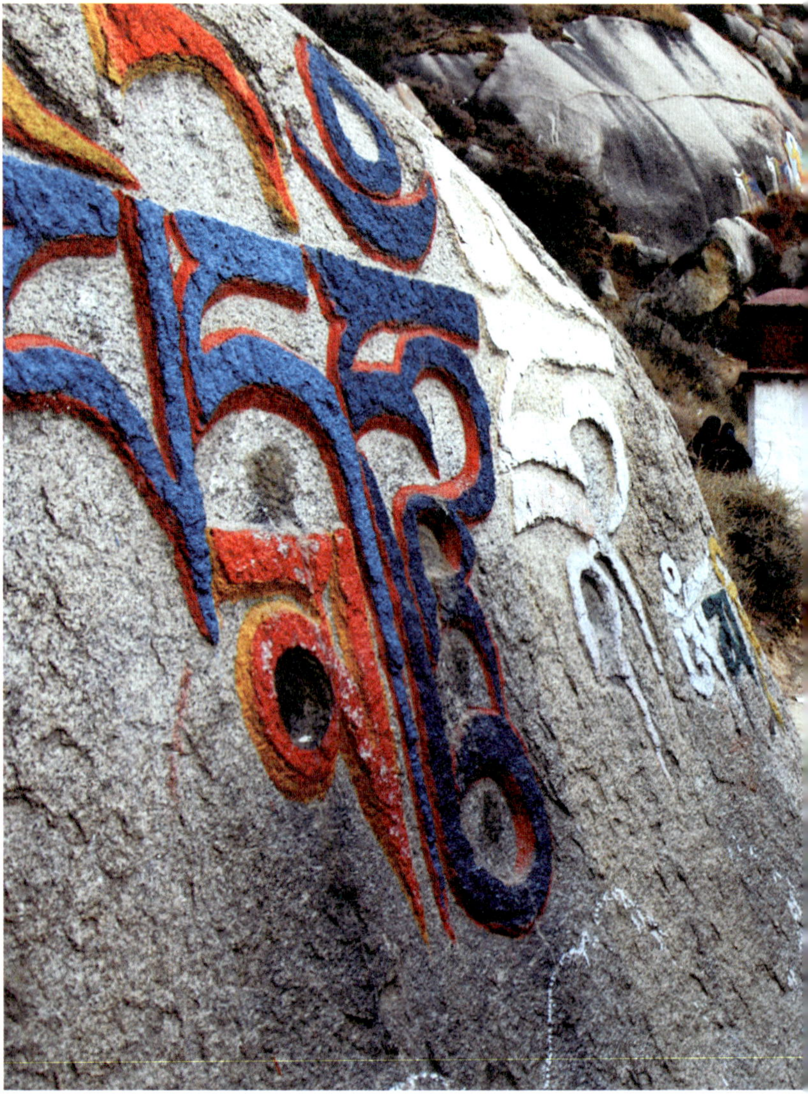

第三章 烟火人间　159

天快亮了

我喝酒,我发疯

越过灰蒙蒙的天空

我朝着星星扔石头

星星都落了一地

一把一把

一闪一闪

砸瞎了我眼睛

刚好

反正我要眼睛也没有用

刚好

它让我的瞳孔变得亮晶晶

刚好

留给漆黑的夜

一盏微光

一点自嗨[1]式的希望

至少看清前路黎明

至少它黑白分明

我仰头凝望

那星星的影

微亮的暗夜

接近光明

我想

我想着我想的

天，就快亮了

2023 年 5 月 16 日

---

1 自嗨，网络用语，指自娱自乐。

不多，不多

秋天来了
我坐在胡同口
喝着有点粗糙劣质的酒
有些难入口
不多，不多
只一两多
喝着喝着日子就这么过

冬天来了
树在飘
落叶摆出可怜的样子
闹酒喝
树丛里钻出一只毛毛虫

探头,望向胡同口

小小的身体

被寒风吹弯了头

它冻得发抖

却笑着说

不多,不多

悲伤

只一两多

孤念

独坐空山闲,
雁来朝水边。
吾心年年岁,
孤情众心愿。

和自己的影子玩耍

从此他变成了哑巴

他用睁大的眼睛说话

冰冷的脸上长满讽刺花

泪水就用来浇灌它

猎人的眼里动物不可怕

因为可以把它的皮扒下

卖了钱，就走进了酒吧

摇摇晃晃地说着人话

从此他变成了傻瓜

在村口那突兀的槐树下

和自己的影子玩耍

从来他就是别人口中的笑话

食物，水，枯草，玫瑰花

一切都像裂开的嘴巴

2022 年 4 月 14 日

于上海

过客

旅行虽然是视觉的饕餮盛宴,但也容易让心感觉饥饿,尤其是一个人的时候。

坐在牛津大学城的街心花园,看着人来人往,目光不断追随着人流,惧怕孤独,又欣赏孤独,孤独就像落日那样壮阔而秀丽,各色的陌生人——流浪汉、上班族、旅行者——形形色色的生活,趋同而又甚异。那种感觉就像你作为一个听众,知道音乐剧就快要落幕,但还舍不得离开这个故事,怔怔地发呆,心里还没有准备好接受故事的结局。

人都是孤独的,物也是孤独的,在心里流浪,在街上流浪。

在陌生的国度,在街角的咖啡厅,你会遇见谁?

未完的人生

世界如此喧闹，却也琳琅满目，充满着各类诱惑，它们似幻似真，好像构成了一个摇摇欲坠的游乐场，晃动着，倾斜着，透出神秘色彩。

而你的世界那样安静，你只有一支万花筒，它无比新奇，你的单纯，让这不堪的现实大为逊色，单纯反而更加有趣无忧。

《我就是那个小孩》是我写的一首歌，它描绘的是作者渴望成为的样子，是作者梦想中的生活状态，是作者对神秘未知的未来还保有的些许的期待，是对自我无法救赎的灵魂最深刻的反思！现实的皮鞭就这样不断地抽打，一直到我没了疼痛感。

你想笑，却不知道什么值得你笑出声音来，你想哭，却又没了眼泪，最后，你站在镜子面前，挤出来浅浅的假笑，不是妥协，也并非感慨，既不荒唐，也不乖戾……那是未完的人生……像一阵风吹过你的脸，不疼不痒，只是吹过来。

2021年8月9日

初夏

看着灰蒙蒙的天,看着鸟儿缓缓掠过这带着浓重雾霾和烟雾的城市,既陌生,又熟悉,蹒跚着的人们,慵懒得如一群群蠕动着的蚂蚁。

夏天来了,并不太热,暑气才刚刚开始。晨光让忙碌起来的北京给有梦想却又不一定能实现的人们一种前所未有的、惴惴不安的诱惑感。一束光透过车窗,打在我的身上,远处一排排房屋,参差不齐地、很随意地散落在路边,像散落于草原夜空下的无家可归的牛羊……

我抬头,那束光一直跟着我,它是惶恐的、柔软的、惊愕的……我不想问什么问题,也不想知道什么答案,就这样,只是这样,我们交错着。它时有时无地在滑动的车轮间穿梭,给你一些希望,同时也在不经意间用它特有的海胆般的刺刺痛你,告知你它是活着的,在另一个时空里。

2023 年 5 月 11 日

生命伊始

它黄黄的、毛茸茸的身体,在光线下是那么生动,小而尖的嘴巴微微开合,像是要表达什么……它的妈妈用身体轻轻护着它,生怕它受到一点点挤压或伤害。

"嗨,我来了人类,我是一只刚刚降生的小鸡,我想问的是,你们这里好玩儿吗?"

它无心去给太阳做那个蛋黄,破裂的蛋壳零落着,蛋壳的汁液还洒在厚厚的草垫子上,小鸡怯生生地爬向蛋壳:"谢谢你,给了我生命,尽管我不知道先有你,还是先有我,但生命是从你的身体开始的……"多希望这世界上一直有太阳,有光明,有清晨的露水,有夜晚的月亮。假如,我们长大了之后不被人们捉了去,不被宰杀,不被食用,那该有多好啊!我想自由自在地在人世间的绿野中奔跑……

闹钟响起,卧室门被打开,妈妈把头伸了进来,阳光也从窗帘的缝隙间争宠似的挤进卧室:"起床吧,又是崭新的一天了,你做梦了吧,孩子……"

不畏将来

不受人间俗世俗身左右

不为现世荒唐无知,厚颜贪婪而悲悯

不言看穿之人,看破之事

不畏将来道路崎岖或平坦

闭目不语,浩然养素

修自我,探开示智慧之果

第三章　烟火人间　　173

何以安放

远处的楼群,燃着万家的灯火
可看起来依然是被孤立的
街景,人影,困兽,光影
在白光的映衬下,斜成一道风景
你跳进生活,人群如黑白的电影
宛若生命的边界,刺眼的光射
慌乱的公路被灰暗的天空包裹
让人窒息的不只是高音汽笛喇叭
还有致命的生活

人们的疲倦写满躁动的夜
万物都在拼命地呼吸,那么吃力
汽车的尾气奋力地净化着它的身体

愚蠢的欲望在空气中血红着眼睛

生命本就是一个课题
有它自己的轨迹,别去搭理
没人去在意,人类坚信金钱就是权力
任其发展的罪恶之心,挺随意
人民币揣在怀里,膨胀地就要飞起

这个夏季,没他妈什么出奇
她和他挤在地铁里
他们讨论着还有什么可以升级
命运可不可以被格式化重启
一切没他妈什么稀奇
梦里他们紧紧抱在一起
因为他们梦见了人民币

2020 年 11 月 28 日

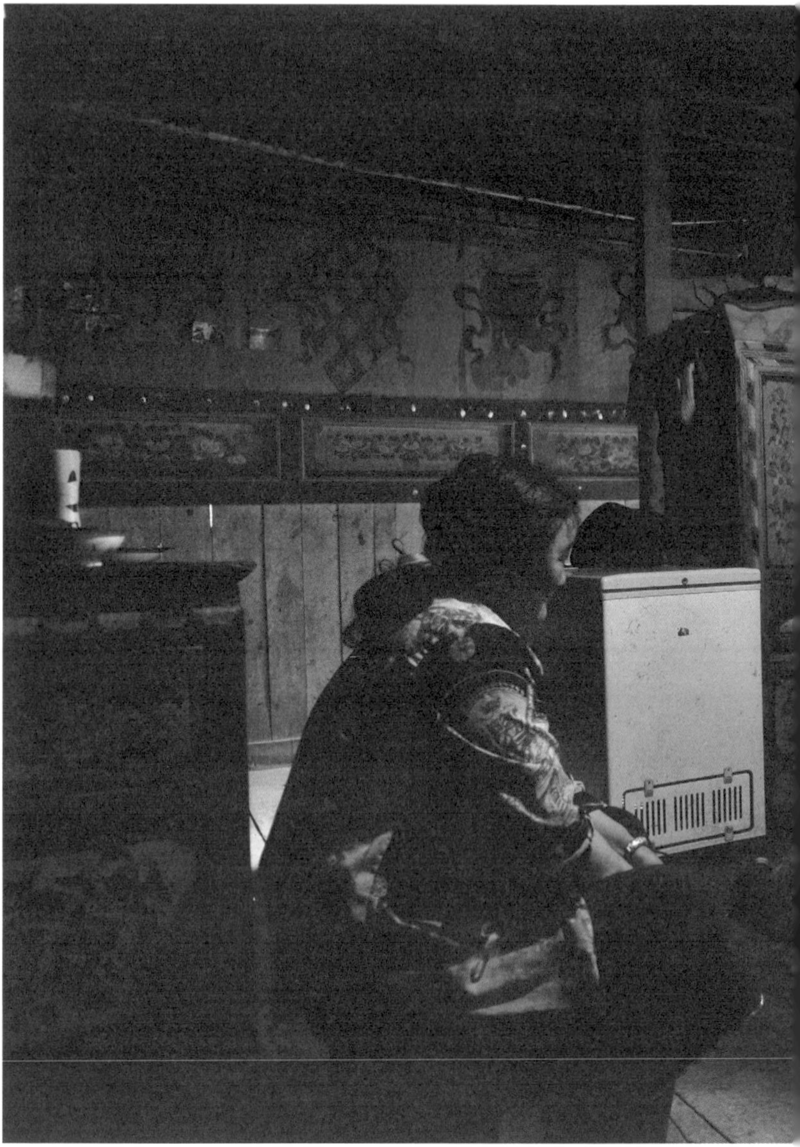

第三章　烟火人间　　177

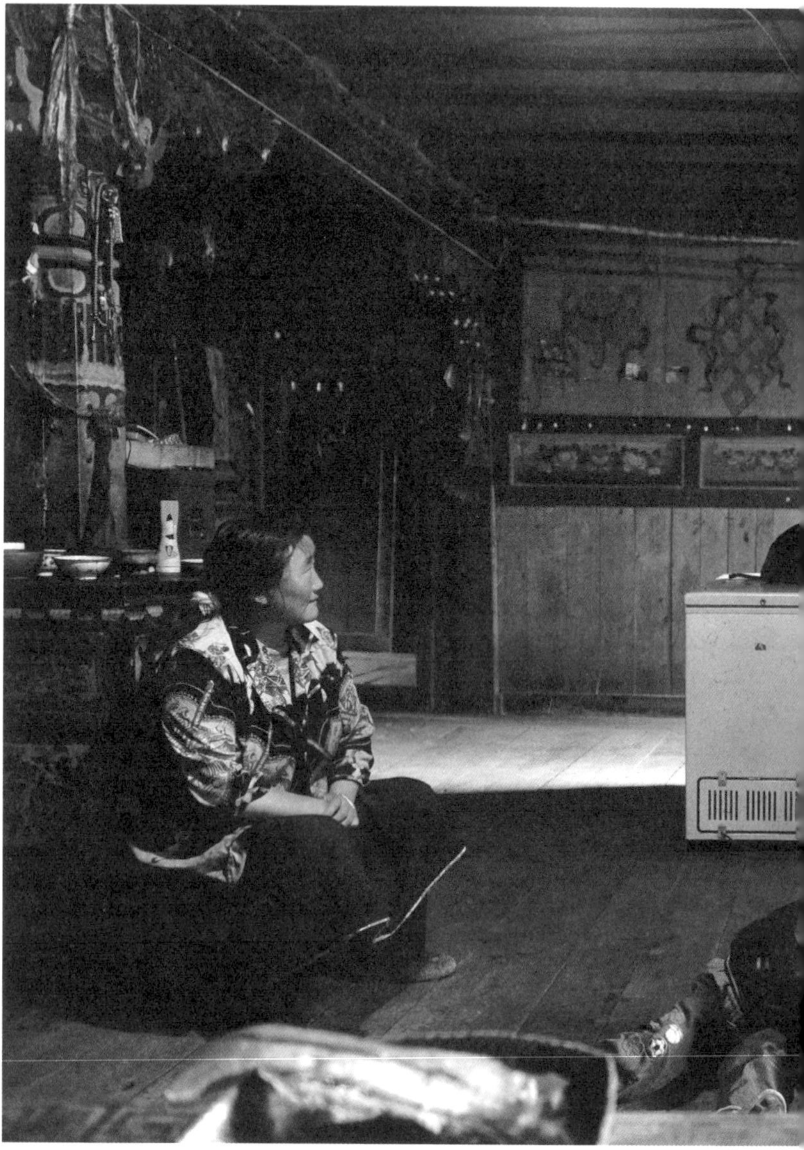

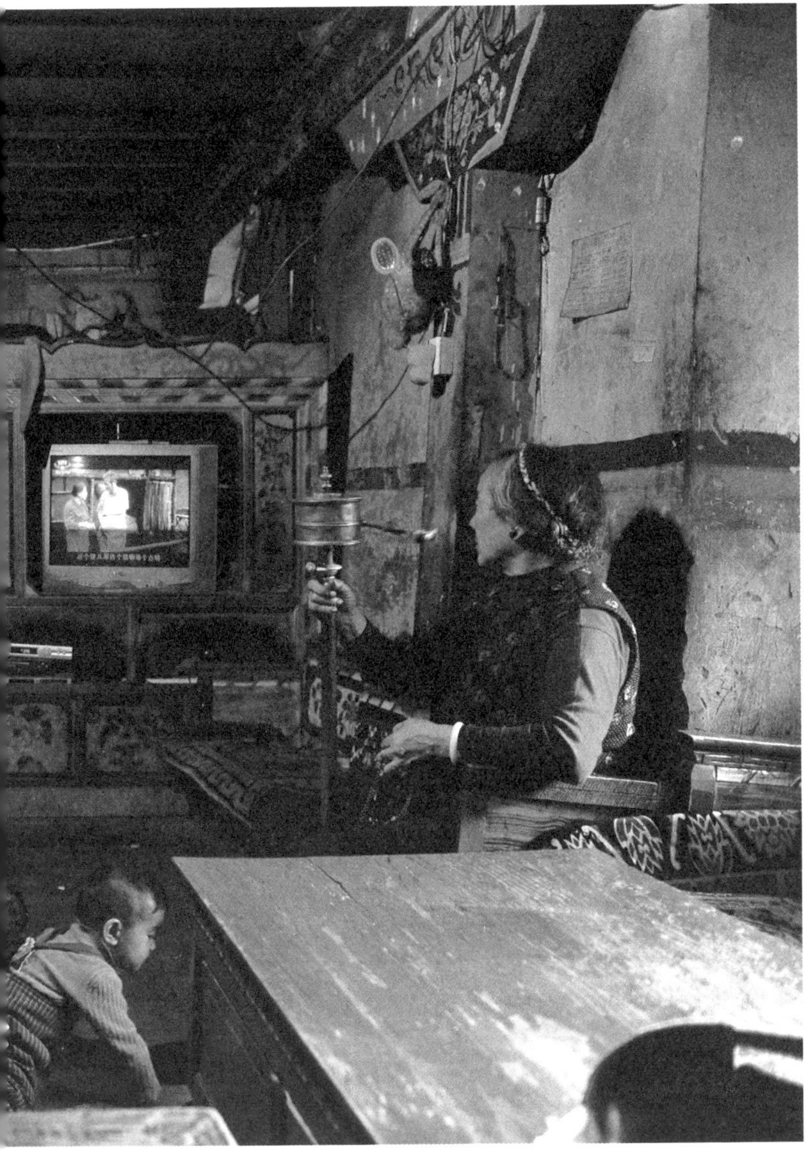

归路

雨水斑驳淋树珠,
冬梦风月夜不挥。
留宿街角魂不入,
八风来迎是归路。

庚子之年

柿子树

庭院深处有棵树

回望时，留步

十年与我做伴

四季岿然不弯

摘一颗囊中入

愿友人事事如意

一切如故

柿子树，柿子树

你怎会参透这人间苦

红红通透

常喜无忧

戏（歌词）

念白：

不过就是为了 为了碎银几两

就为了填饱你那柔软的饥肠

人不人鬼不鬼的早上脱了相

那脸上的风光油彩重墨画的肖像

不过就是为了 为了碎银几两

就为了填饱你那柔软的饥肠

人不人鬼不鬼的早上脱了相

那脸上的风光油彩重墨画的肖像

粉墨半生 忠孝半晌

只怕晚上 鬼来敲床

优雅的流言不必放在你的心上

满身的疤痕才是闪光的勋章

污浊的河流染臭了具具皮囊

唱：

人生起伏风雨驻

笑看岁月无人忧

烟花闻柳谁知羞

倒看杨柳虚实空

闲话寻游何滋味

醉看岁月几多休

烟花问柳谁是爱

寻觅许久人空瘦

几墨春秋往日愁

嬉皮笑脸苦行修

昔日谈笑挥袖走

今朝随风云里头

念白：

粉墨半生　忠孝半晌

只怕晚上　鬼来敲床

优雅的流言不必放在你的心上

满身的疤痕才是闪光的勋章

污浊的河流染臭了具具皮囊

不愿清醒

深夜，连胡同都是寂寞的，往来的只有风，只有风吹来吹去的虚无，让人战栗，一阵阵打寒战。

喝醉了酒的人，是幸福的。那一刻他们接近了自己想象中的样子，孤独冰冷的路灯陪着他们呕吐，也许呕吐物中有他们不想要的东西，于是将其都吐还给这个肮脏的世界。他们晃动着身体，时而倾斜，时而跌撞，时而与自己交谈，时而抱住心底那个最爱的人，时而抱住自己，每一次都他妈够狗血，也都更加真切。何必要醒着，醒着去面对，去伤害，去相互欺骗，然后让谎言继续……

2023 年 11 月 27 日

圣山

星星点点

洒落眼前

山尖的你

清白易碎

雪花比世相还盛大

是你吗

变成湖水的眼睛

羊群下了山

成群成片成云海

又像一朵朵雪莲

让远行的人闻香而来

告别不曾实现的诺言

在圣山之下

用性命捍卫爱的尊严

天素雅,水清蓝

抬起头

竟忘了这里是人间

第三章 烟火人间　187

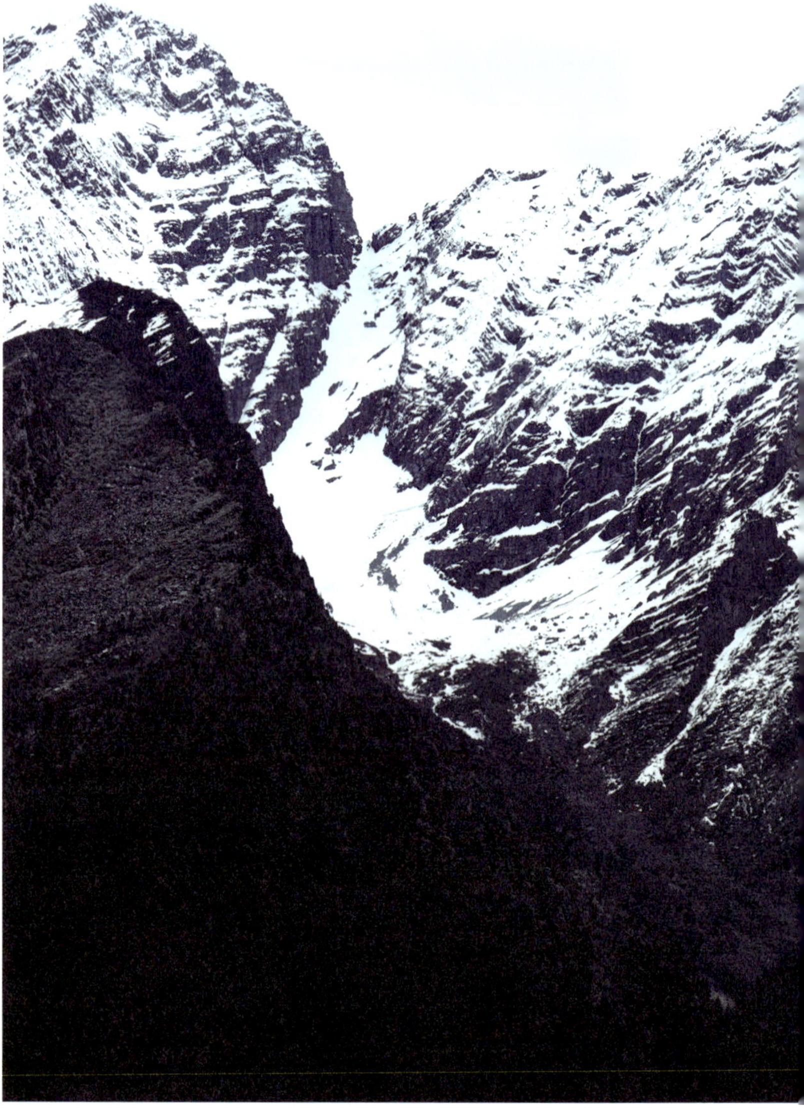

第三章 烟火人间　189

怪物

我是一个怪物

穿梭在俗人和天才之间

游荡于白日黑夜

按你们的要求定制角色

我时而扮成报喜的鹊儿

红翎巧嘴凤眼碧珠

轻佻地飞舞着那易碎的翅膀

脸上没有一丝丝悲伤

时而我是那个不谙世事的天才

在你需要我展现天才的那刻

我必须装作若无其事的样子

骄傲着

把地狱当作天堂

我不认识我

因为我 不是我

我的茫然和灵魂一道

被烧焦

连同黑夜

抛向土地

       2025 年 2 月 9 日 12 点 20 分

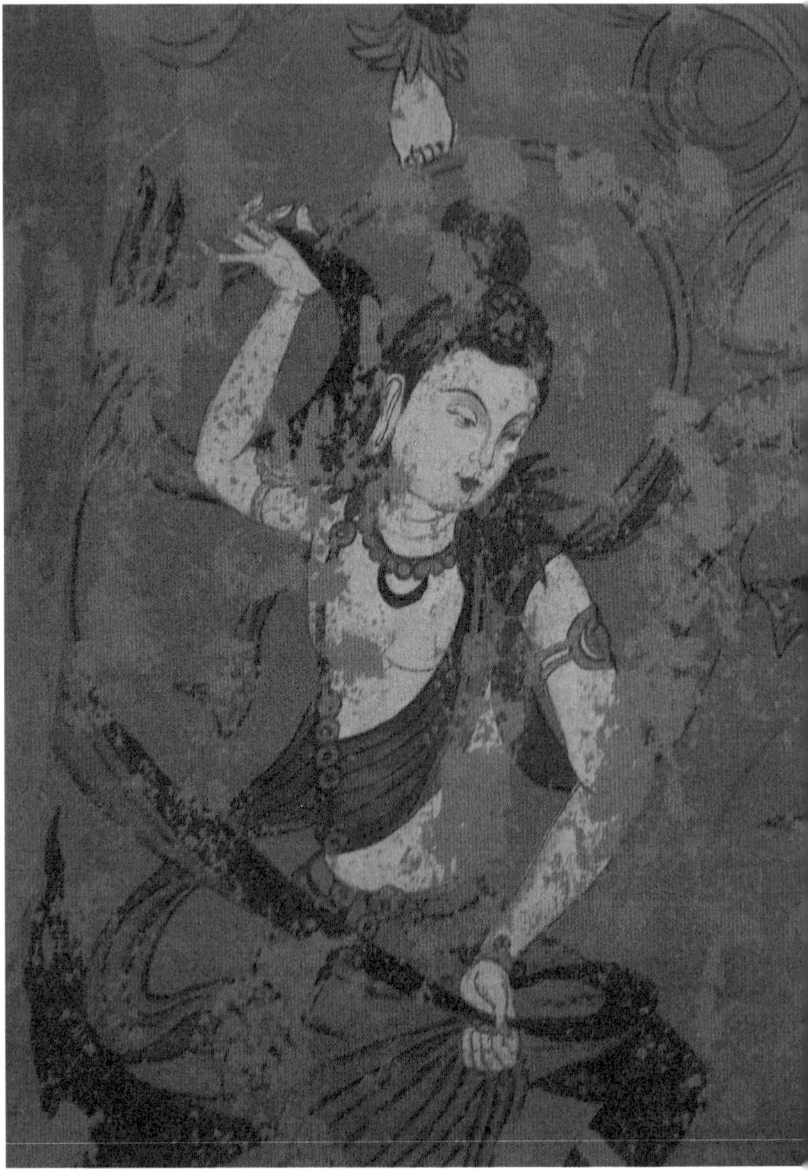

第三章 烟火人间　　193

Chapter Four

第四章

唱给晚风与星河

唱一曲人间悲欢 / 一曲悲歌 / 一世离合 / 皆化作山河 /
一曲悲歌 / 一世离合 / 留给人间一首歌

I, the Masked Poet
我与蒙面诗人

不露锋芒

我没有流量

并不当红

剩下唯一的勇气

就是我还有武器

我有一支笔和一副喉咙

只是我

再不露出锋芒

我写我唱

我拒绝胡乱歌唱

只是在心里盼望

世界能变得不这么夸张

能让我们看见

处处充满爱和希望

2020 年 11 月 23 日

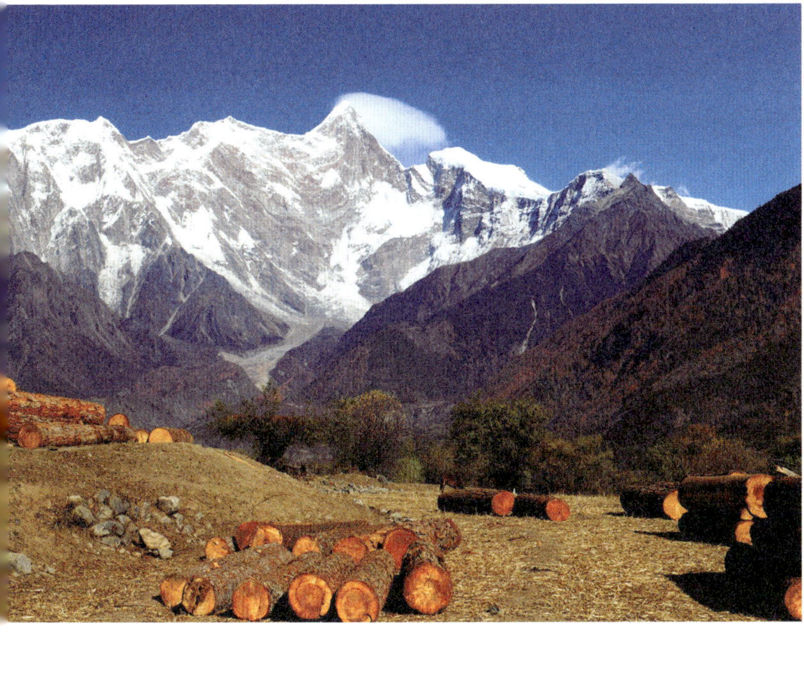

我

在不知不觉中我愈发地疯狂了。我知道其实体内的我一直都被分裂成两半，被成长切割着，被世俗切割着，被现实切割着，被欲望切割着……曾经的那个我总是想得到更多，于是只能按照所谓"人设"去做。一直以来，我都是别人希望成为的那个"我"，然而哪个才是真正的我——那个单纯又自大的我，那个霸气又脆弱的我，那个看似成熟老到实则心智嫩若孩童的我，还有那个斯文又原始野蛮的我……哪个才是我？是的，我是个矛盾体，聚集在我体内的各类细胞既冲突得厉害，又无法离开彼此！尽管矛盾，但它们一定是充满力量的。所以你今天看到的我，就是这样一个矛盾的人，但，她不是我！

迟暮的挽歌

他的意识丢失了

一跃而起变成了翅膀

它忽闪闪通体透亮

柔软地轻飘飘地

在每一处飞翔

掠过男人的肩膀

掠过女人的胸膛

穿过香烟吐出的缭绕圈层

穿过昏暗路灯下拥吻的恋人

穿过寂静冬雪

穿过躁动夏夜

穿过一整个的青春

它停下来

作为迟暮的挽歌

唱给晚风

唱给星河

望

时光虽短暂

唯独有情长

参透人间妄与苦

惊梦破，决然踏蹄扬

当初怒剑天涯

立马横刀保家

怀一腔血赤胆忠良

斗胆与黑暗较量

遥遥归乡之路

良田草屋幸福

曾几时梦里

遇见过你

遇见了儿时自己

遥想壮烈时刻

幸得斜阳一抹

不畏浮云遮望眼

无惧黑鸟狷浓烟

唱，一生忠义

忘，胯下之屈

蓦然间回首

岁月爬满头

唱一曲人间悲欢

一曲悲歌

一世离合

皆化作山河

一曲悲歌

一世离合

留给人间一首歌

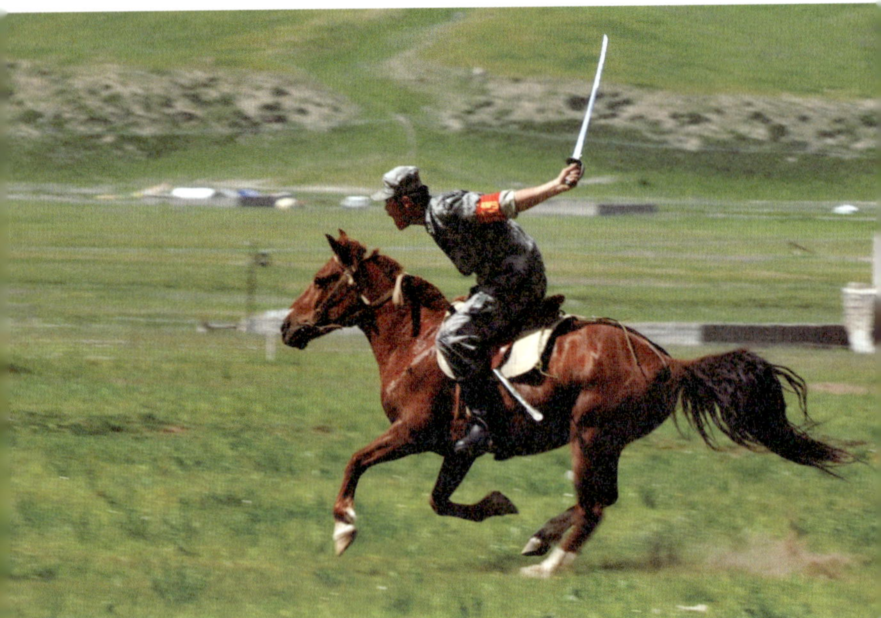

树

好孩子,你别哭

天堂的神不喜欢哭闹的小孩

就安静地

任他们宰割

一刀一刀

直到有一天你变成了树

他们继续在你的身体上垂涎着

荒诞又无度

他们在你的身上用力刻下

一刀一刀

他们砍断你的翅膀

他们砍掉你的舌头

他们砍瞎你的眼睛

他们戴着罪恶的帽子
等着被审判

孩子,你别哭
天使会来抱着你
你快随着天使一道
飞起来,飞起来
飞得远远的,高高的
轻飘飘的
再别回来

第四章 唱给晚风与星河

悲欢多荒唐

饮一口残阳作太阳

画个月亮当月光

悲欢多荒唐

一盏不灭的烛火

撑不住这世态炎凉

2023 年 1 月 22 日

驶向云外的列车

火车对人来说并不陌生,对我来说,更是有着某种特殊的意义。

回忆的列车在时空中来回穿梭,我在每个小小的月台上,所看到的都像是一部电影,每一帧都记忆犹新。我猜想人们想要的是怎样的生活。我猜想爱情的终极答案是相濡以沫,还是及时行乐。那些远去的记忆的碎片随意拼凑,看起来五颜六色,然而生活的本质却并不是五光十色的。

写下这段文字的时候,距离我离开成都已经32年了,我的承受力似乎可以让我稍稍平静地去"往返"于那段困苦、艰难、愤怒、心慌、颠簸、叛逆而又冗长的岁月了。用"岁月"的意思是想告诉大家,它不寻常,它有些复杂,它需要用数日子的办法来催生成长。

那时候多希望一个晚上就能长大好一截儿，多希望每每早晨起床不是去学校，而是去工作，不管做什么工作，只要能证明我长大了，有用了，我是一个成年人了，我可以帮助我的奶奶维持生活了，这样就足够了。长大，是为了帮家里赚钱，让一个人艰苦地撑一个家的奶奶不用那么辛苦。长大，是为了坚强，是可以用顽强的意志抵御寒冷的冬天，甚至不用花钱再买棉服。那时候的我觉得买棉服是多余的，因为我们只能当它是多余的，因为我们的生活是拮据的。不愿意看到每个清晨，天色漆黑，奶奶便起床准备出门工作；不愿意看到每一次她用刺骨的冷水洗脸、刷牙，她哆哆嗦嗦佝偻着的背影，如一根钢针，针针扎在我幼小的心灵上。

9岁那年，我一个人踏上了人生中的第一趟列车，从成都开往北京。今天，也是同样一趟列车，不过是从北京开往成都，32年前那一刻的画面，又一次划伤我的心窝子，酸酸楚楚地钻进我的内心。

我9岁那年，父亲离世，母亲决定送我去北京的奶奶家。好吧，我的未来是别无选择的，什么是未来？对一个9岁的孩子来说，未来完全是未知的、模糊的，它也可能是梦，梦的颜色也许是灰色的，也许是血红色的，也许是淡紫色的，也许是忧伤色的……

从成都到北京的火车，在当时还没有发达到像今天这么神速，提速后的列车比从前快了好几倍。于是我需要在这陌生的列车上挨过漫长、恐惧的3天3夜。北京，是个陌生的名字……我想我就快要见到幼年时见过的奶奶、二叔、小叔、姑姑了，他们会怎样对待我呢？我需要怎样做，才能让他们不嫌弃我，不讨厌我，并且喜欢我……

先说说这3天我是怎样度过的吧，列车关上门，缓缓地启动，车窗外的人和景迅速倒退着。我显得很从容，完全不像一个9岁的从未出过远门的孩子，我冷静得甚至显得老到了。母亲买了一张硬座票给我，用旧得发黄的包裹布给我装了些简单的物品——大抵都是快被磨白了的旧衣服和一些动物饼干，而这些饼干对当时的我来说算是一笔财产了，我要省着吃，要让它们够吃3天才行。母亲把我托付给了一位列车员叔叔，请他照顾我，于是叔叔把我带到了硬卧车厢，并不是让我睡在那儿，而是因为在这里的车厢过道一侧，有可以坐着的座位。我第一次觉得那座位很豪华，很舒适，因为比硬座要软好多，这里的软座是用蓝色的粗布包着的，而我最初上车的时候那节车厢里是很硬的座，座位是用油漆刷过的绿色的木头座，这待遇，让我感到满足和安全。第一个隧道的通过是那么猝不及防，当时只觉得眼前突然一片漆黑，隧道里飘来潮湿发霉的味道，伴有超大的如金属撞击一般的声音，这金属好像拼命地敲击着什么，然后是接二连三的隧道，我紧紧地闭着眼睛，不敢睁开看，车厢里本身就喧闹杂乱，此刻更加喧闹，其中夹杂着各种陌生的方言对白。突然，我仿佛才意识到自己其实还是个小孩，于是再不佯装大人，再不佯装老到了。我觉得脸上痒痒的，伸手便触碰到了一片潮湿，泪水顺着小小的手掌心热烈地、滚烫地扑簌簌流下来……那一刻，我总觉得那漆黑的山洞中有鬼，时而脑海中还会出现爸爸的脸，浮闪着、微笑着、不安着……一会儿黑一会儿白的各种幻象，像极了我未来的人生。夜，不久就来了，我竟然不知道自己第一个独处的夜晚将安身何处，庞大的火车是否有我栖身的地方？从成都出来的时候，母亲只给我穿了一件毛背心和夹衣，那条天蓝色的裤子，由于我长高了，裤腿变短了，母亲就给我接上了一大截紫色的灯芯绒布。夜真的越来越深了，车厢慢慢安静下来，开始有点冷的我，紧紧缩成了一团儿……

　　天快亮了，泛起青色的光，初起的太阳笑着与我打招呼：嗨，勇敢的小孩……

我期盼的那个列车员叔叔始终没有再出现，这一夜，就这么过去了。

第二天，我看见不远处有个列车员阿姨推车叫卖早餐，我很想暂时离开我的宝贝座位，那饭菜的香味太诱人了，但我又不敢离开座位，我怕回不来，一来是怕出去就找不到这节车厢了，二来是担心万一被检查车票的阿姨赶走了怎么办。我尽量控制着自己的饥肠辘辘，小心翼翼地打开了自己的小包裹，再小心翼翼地拿出动物饼干，慢慢咀嚼着。

大概又经过了无数的山洞，当正午的阳光照射进车厢的时候，有一盒饭菜摆在了我的面前，你们猜是谁给我的呢？是那个被母亲托付的列车员叔叔吗？"小朋友，快吃吧，阿姨看你从上车到现在都是一个人，又没吃饭，阿姨就给你买了一个盒饭。"原来是一位睡在卧铺车厢的好心的阿姨，我站了起来，深深地给阿姨鞠躬，然后捧着那盒饭菜，先闻，后吃，一小口一小口地，用力而认真地吞了下去。

12月的北京，冷。

我随着人流往出站口走，有人举着写有我名字的牌子站在那里，我听见有人喊："韩红，韩红吗？"叔叔和奶奶从不远的地方朝我扑奔过来，我愣在原地一动没动……奶奶紧紧地把我抱在怀里,摸着我的头,泪,流成了河……

我拿起了扫帚,准备扫地。

这是我进了叔叔的家门做出的第一个动作,于是奶奶问我:"大晚上的为什么扫地啊?"我说:"奶奶,我喜欢干活,我不喜欢吃肉,不爱睡懒觉,我会好好学习的……"

我新的人生由此开始了,它或者生或者灭,梦或者开始或者停歇。

守望
——为百人援蒙而写

草原，你是什么

是苍穹给我的外衣

还是雨夜初晨的露滴

倒在你的怀里，暖暖地，缓缓地

我舒张开来的臂膀啊

拉响了悲伤悠远的马头琴

让思乡随梦倾斜着

任泪水划过你的发梢

留下草的清香

夕阳之下，我们紧紧相拥

为最美的单纯初衷

在此守望

2012 年 8 月 24 日 19 点 25 分

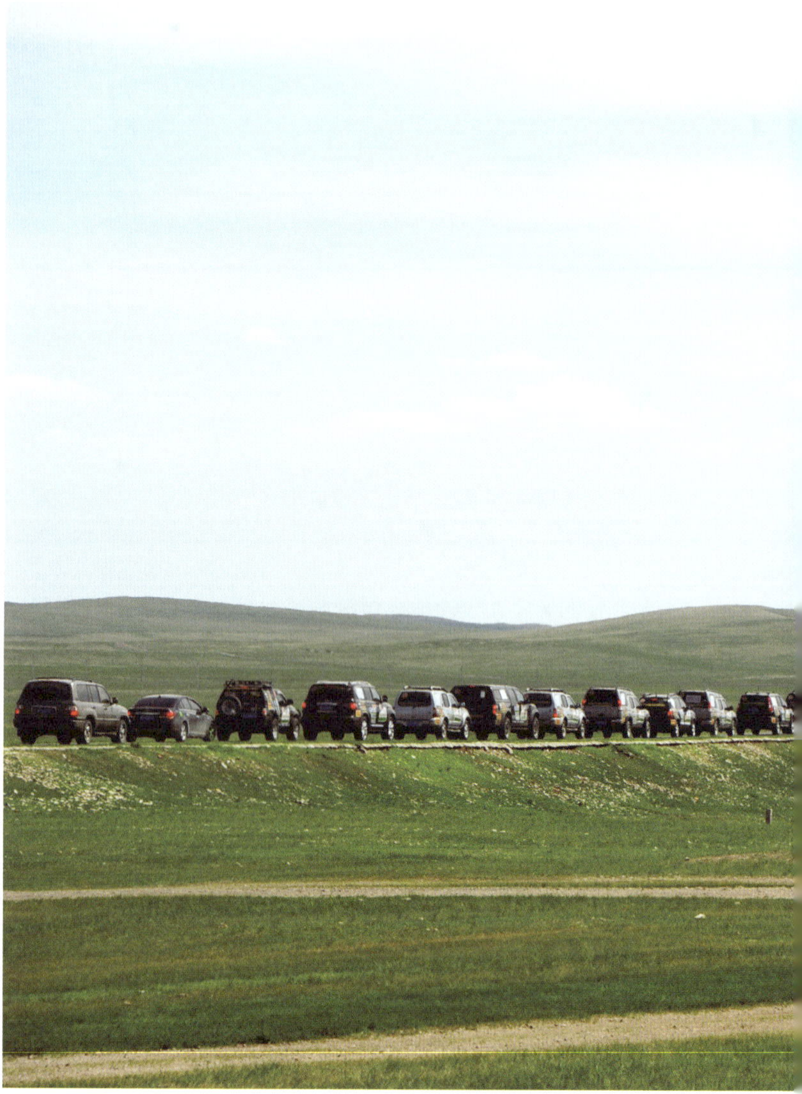

第四章 唱给晚风与星河　　215

长路漫漫——从百人援蒙的某个夜晚说起

科尔沁草原,夜,风大得像是要吹死你。我们静静地听风在草原上歌唱,看月亮在头顶的上方,你看它,而它也看着你,因为你是草原陌生的客人。2012年7月,"百人援蒙"一行总行程4000多公里,深入48个乡镇,捐助10所孤残儿童福利院和敬老院。每一幕,如昨。

"百人医疗系列大型义诊队伍"听起来很高大上,但其实我也不知道为什么要加上"大型"两个字,听起来很"央视"范儿。后来基金会同事告诉我说,我们的队伍已经超过150人了,所以称为"大型"。好吧,竟然超过了150人,我发誓一开始我并没有预想到会形成这么庞大的医疗队伍。而且队伍里的医疗界大腕儿,各个有头有脸,连我自己都不敢想,自己究竟是怎么厚着脸皮去恳求每一位专家到偏远山区,到村村寨寨的老百姓家去义诊的。这个梦想源于一个梦，梦里我路过崇文门附近的北京医院，那是奶奶生前常常住院的地方。这里一如既往地堵车、嘈杂，充斥着神头鬼脸、牛气冲天的号贩子。我梦见自己站在人群中，人挤人、人挨人，大家都很慢地挪动脚步。奶奶的哮喘病从年轻的时候就有了，这是跟了她一辈子的老毛病，隔三岔五就犯，每次犯病家人去排队挂号时，都急得要吐血。北京医院的呼吸科主任孙铁英，听说治疗呼吸疾病有一手儿，怎么着也得请孙主任看看啊。出于这片孝心，我必须让自己没有脾气地站在队伍中，表现出特别气定神闲的样子。号贩子穿梭在人群中，一个一个地聊，人家不是谁都跟你聊的，看你有点气质、有点富态，他才会凑过来问"看谁的科啊，哪位专家？"，整得比院里人事部领导都熟悉专家似的！500元给你个号，号贩子这一天真不少挣钱。拿着专家号，我终于可以让奶奶住上北京医院了。北京医院，好响亮的名字，这是多少大领导住院的地方。就这样，我见到了魂牵梦绕的孙主任。正往医院楼道里奔跑的我，呼哧带喘……忽然听到阿姨喊："韩老师，该起床了，不是还去机场吗？"

原来，我依然没能结识孙主任，我的奶奶也依然没有住进北京医院。后来，费尽千辛万苦，托叔叔单位的朋友帮忙，我们终于见到了这位鼎鼎大名的明星医疗专家。我的奶奶随后得到了孙主任一段时间的关照，尽管她最终没能逃过肺癌。

我的愿望是这样形成的：我想像孙主任这样的大腕儿，是不是老百姓一辈子也没有可能见到？像北京医院这样的医院，对山区老百姓来说是不是就是一个"传说"？我想试试，于是拨通了孙主任的电话……就这么成功了。原来世界上的事情只要你敢想，你有强大的发心去祈愿，就有可能实现。

然后，解放军总医院、首都医科大学宣武医院、武警总医院、空军总医院、浙江大学医学院附属第二医院、北京医院，以及我眼里的"贵族医院"北京和睦家医院，它们都参与了进来。我居然把这些医院的大牌专家统统带去了草原，带去了雪山，带去了大西北的戈壁。感谢菩萨助力，我没办法用别的来解释这股神力。

我们在草原上，我们在星月之辉洒满的绿草间，坐着说梦想，让岁月变成骏马驰骋无疆。我们在夜空下数星星，大口大口呼吸着清新的空气，我们和无数叫不出名的小黑虫睡在一起，这些被号贩子称为"财神爷"的主任，一脸笑容，毫无怨言。面对这一切，我唯有感恩！我盼望自己迈着更加坚定、从容的脚步，不停地走下去。

义诊中有一个小女孩，8个月大，患有先天性胆道闭锁，当地医生已经放弃了治疗，小女孩被诊断活不过1岁，后来我们把孩子接回了北京。武警总医院的李威主任，刚好是这方面的专家，他曾通过手术救了很多孩子。小女孩躺在妈妈的怀里，整个身体都是黄的。孩子哭得嗓子都哑了，妈妈也哭成了泪人儿。李威主任问我："韩老师，救吗？"我说："你有把握吗？"李主任告诉我："主要问题是肝源。"我咬了咬牙，狠狠地说："救！"那个"不"字，我真的说不出口……就这样，小女孩被接到了武警总医院，经过几个月的治疗，2012年11月16日，小女孩成功进行了肝移植手术。

梦，越做越大；路，越走越长；心，越大越宽。我们就这样在这条看不见尽头的道路中行走，我们走过了无数的山路、无数的土路，我们也曾踏在青青草原上，云依然在头顶上方，夜很静，静到能听见自己的心跳，每一次跳动都那么有力！

2015年5月2日
于上海闵行

提着月亮,牵着故乡

我的灵魂遗失在南方的烟雨中

我的躯干流放至北方的飘雪里

我的狂野收紧于夏日的山阴道

我的羞涩悬挂在陌生的小镇上

我只是孤独的麦芒

不必有光去照亮

我可以左手提着月亮右手牵着故乡

南迦巴瓦峰的积雪

融化在我冰冷的心上

我可以左手提着希望右手牵着目光

走向幽深的剧场

去写一曲委婉的绝唱

2021 年 7 月 16 日

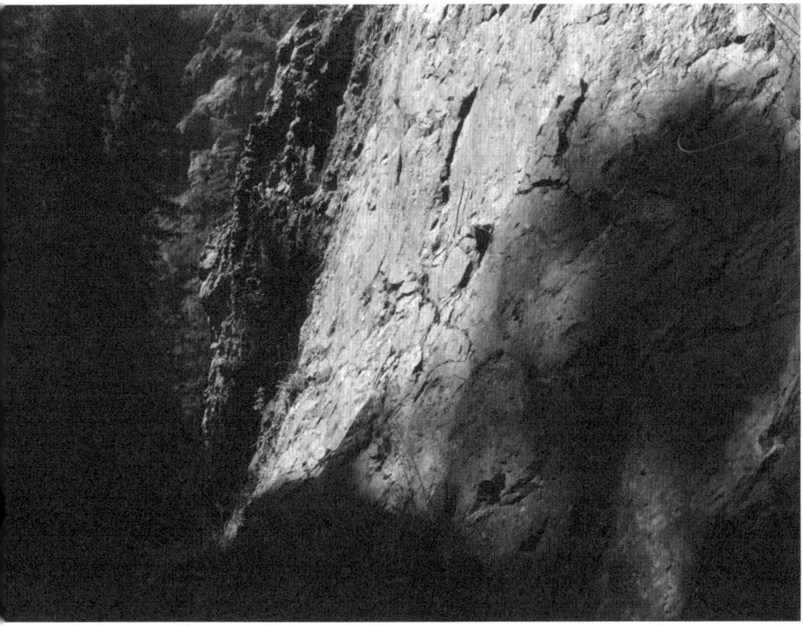

一路苦难一路歌

我们在地狱与生之间垂死

在阴世里莺莺燕燕甚至歌颂起舞

在线谱上爬行

分不清高音与低回

分不出高低错落

有人说

音乐家是旅行者

亦是一众苦行僧

与土地一同匍匐前行着

可哪儿有什么路

路在心里从笔直至模糊

模糊成一行白鹭

从死里逃生走向下一个深渊

而深渊在眼前时而浮现

坏坏地,冲着你笑

它看着你继续沦落或者起伏

挑衅着你的叛逆或坚守

一路苦难一路歌

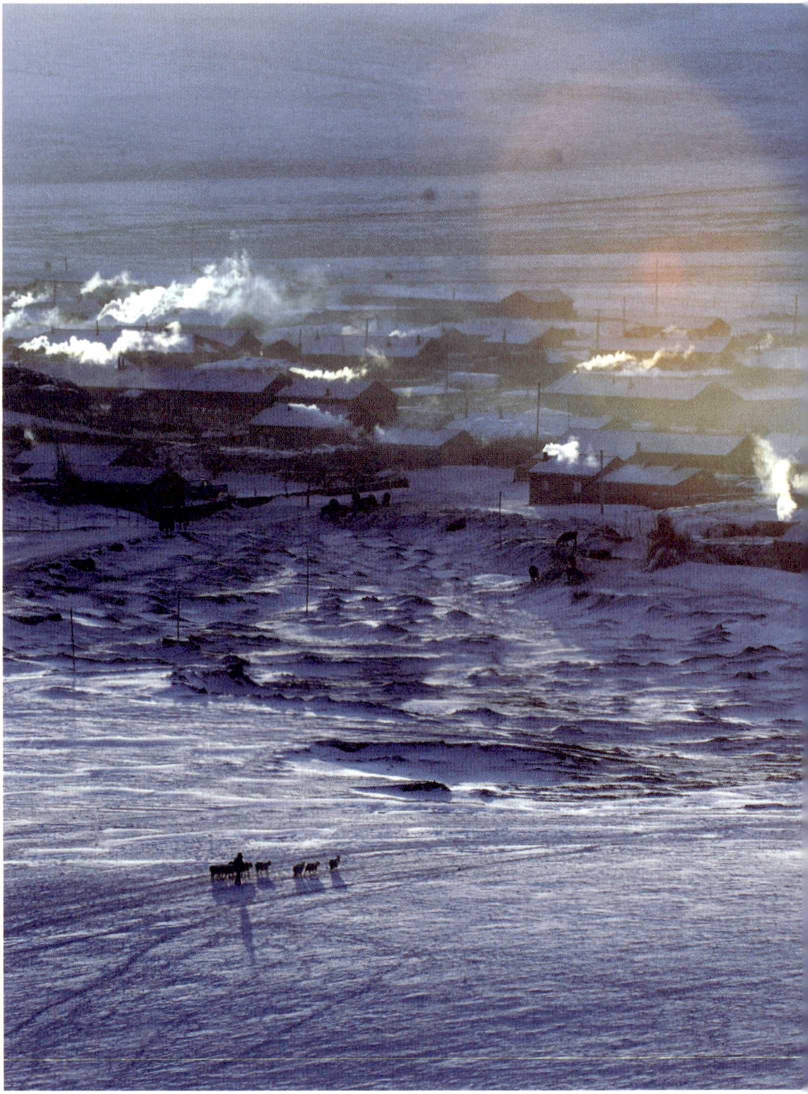

第四章 唱给晚风与星河　　225

孤岛与花香

那些快乐消亡在这世界上

它们飘向了海的中央

它们不停地摇晃

在空无一人的孤岛上

我收拾了行囊,然后

去了远方

带着孤岛的模样

带着采来的花香

与你相望

2021 年 7 月 3 日

众矢之的

风萧萧,众人兮,擂鼓抚琴,音不鸣,墙倒众人推。

雨淅沥,处心虑,弥烟障眼,心不宁,唾沫淹真理。

对镜梳妆,胭脂鬼脸。

空有家耄,对望不相连。

一生终了,无居,无魂,无依,无颜。

2021 年 5 月 11 日

无边乌云步步近

妈妈请替我摘下这勋章吧

我再也用不着它了

夕日的光辉逐渐消逝,晦暗难掩

我想我该去敲开天堂的门宇

妈妈请把我的武器埋在土里

我已无力再向他们射击

那连绵的乌云正一步步向我逼近

虚伪,谎言,冷酷,高耸如城壁

我想我该去敲开天堂的门宇

2018 年 7 月 28 日凌晨 4 点 14 分

孩子

孩子，你别去敲开这座门

因为它是通往烦恼的恶果之徒

孩子，你别去敲开这座门

因为它不配惊扰你的素净无痕

      2021 年 8 月 12 日

摘下恶魔的面具

我曾经有过一支坚硬的笔
我用它打响过 7 次战役
不能忘 2008 年的那一天起
我发誓坚持到底
连续不断地抗议
为了那些可怜的小女孩
为她们争取最基本的权益
那些悲痛和孩子们的哭泣
从未忘记

关于那些被欺负的幼女
关于那些早该进地狱的垃圾
关于他们嚣张的毫无底线的脏欲

我用力地握紧了手中的笔

它是我的武器

射穿狗杂种们的身体

这里是一片有英雄的土地

岂能容你

几百个案卷躺在我的怀里

仿佛抱着一个个被残害的小身体

她望着我,她拼命地哭泣

抓紧我,孩子

相信善良,相信正义

再不能这样下去

无辜的孩子们

你们的每一滴眼泪都打在叔叔阿姨们的心底

生而为人,你配不配

你们将成为人民的天敌

生而为人,你该道歉

又岂止是道歉那么容易

你敢不敢站出来

摘下恶魔的面具
让我看看你
然后一箭刺穿你的心
送你走进地狱
善良的人们荣辱与共
冲破暴雨疾风
这是一块有英雄的土地
岂能放过你

抓紧我,孩子
相信善良,相信正义
无辜的孩子们
你们的每一滴眼泪都打在叔叔阿姨们的心底
相信善良,相信正义

2020 年 5 月 28 日

拾光者——为钢琴套曲《沉默的光影》作序

我的拙作亦即第一首钢琴曲《慵懒的波澜》创作于2021年7月13日,经过多次修改,于2021年9月30日录制完成。整个创作过程既像拍电影一样,又像翻开了自己从幼年时代就开始写的日记,每一个字都写得歪歪扭扭的,但每一个字也都写得很认真。

曾经拙于言辞的少年,青葱时代突然变得意气风发,后来变得易怒暴躁,再后来,再后来……少年不再开口讲话,她成了哑巴,成了与音乐为伴的拾光者。她捡起所有仅存的光亮,用力抱住自己,鼓舞着,失败着,幸福着,痛苦着,绝望着,爬起来……她是孤独的创造者,亦是信仰的守望者……

每当午后,一个人静静地坐在钢琴前,手指轻触琴键弹起那来自心底的旋律,背后的落地窗总是时不时透进来阳光，给自己希望。

我抬头，让目光迎着那道光。刺眼的光芒让人眩晕，昏沉沉地想要睡去。我能感觉到我的身体随着音符升腾，整个灵魂都被融化了……那就是音乐的力量！那是来自另外一个世界的音乐神灵在召唤我。我确定，我已经准备好了，你们呢？

不枉来世间走一趟[*]

请记住 我什么都无所谓
我早知道人生就是来受罪
你我他 不过是一场约会
活着必须承认和感受心碎
所谓美景都是颜色的调味
一支笔能不能让城市明媚
奈何爱情还是不停地伤悲
每个人都会犯青春的罪

别太幻想一生都完美
灵魂都是离场的轮回

---

[*] 原名《我的人设被吹成了小说》，本文为该说唱单曲歌词，有删节。

慌慌张张　去赴下个约会
我也曾被夸耀和赞美
也曾一步之遥跌落世俗权贵
于是迎来虚荣鼓吹　人言可畏
其实我只是个调皮的小鬼
在游戏里　寻找勇气
只为铭文装备

我的人设被吹成了小说
可我不想再聊过往蹉跎
世界上还有很多的角落
还有很多人的生活没着落

有人说我的成长之路　平凡而可贵
那些日子让我学会了谦卑
我的少年就在北京的胡同里
东南西北　我的奶奶以及冰棍儿车
是我被拆迁的记忆的全部
可我不想再聊那些悲伤和体会
虽然今天的我不一定完美
但是还有很多的人生活没着落

有人不断地瞎编我的段子 卖力传播

妈妈群里转发 说我捐款捐到落魄

吓得亲妈从遥远的成都打来电话

喂,不要再捐了嘛,我给你打钱

今天我想正面回应那些神话传说

我不是你们口中那个所谓的慈善者

我只是个爱着嘻哈的坦荡的

发誓此生绝不做鼠辈和被鞭打的陀螺

我的人设被吹成了小说

可我不想再聊过往蹉跎

世界上还有很多的角落

还有很多人的生活没着落

我努力好好活 努力唱好歌

我的人生听起来并不像小说

它沾染着世俗和烟火

我和你们一样爱着家人 爱着祖国

爱着陌生的人们和残酷的生活

日落而息　日出而作
普普通通平平凡凡地活
努力成为阳光普照下最灿烂的那一朵

我的人设被吹成了小说
可我不想再聊过往蹉跎
世界上还有很多的角落
还有很多人的生活没着落

Ah[1] 请记住　我什么都无所谓
我早知道人生就是来受罪
你我他　不过是一场约会
活着必须承认和感受心碎

---

1 Ah，意为"啊""哎呀"等。

© 中南博集天卷文化传媒有限公司。本书版权受法律保护。未经权利人许可，任何人不得以任何方式使用本书包括正文、插图、封面、版式等任何部分内容，违者将受到法律制裁。

图书在版编目（CIP）数据

我与蒙面诗人 / 韩红著 . -- 长沙 : 湖南文艺出版社 , 2025.5. -- ISBN 978-7-5726-2411-7

Ⅰ . I217.2

中国国家版本馆 CIP 数据核字第 2025EZ2874 号

上架建议：畅销·文学

WO YU MENG MIAN SHIREN
我与蒙面诗人

著　　者：	韩　红
出 版 人：	陈新文
责任编辑：	熊宇亮
监　　制：	秦　青
策划编辑：	曹　煜
营销编辑：	霍　静　柯慧萍
文字编辑：	王　争
装帧设计：	潘雪琴
出　　版：	湖南文艺出版社
	（长沙市雨花区东二环一段 508 号　邮编：410014）
网　　址：	www.hnwy.net
印　　刷：	北京市雅迪彩色印刷有限公司
经　　销：	新华书店
开　　本：	815 mm×1120 mm　1/32
字　　数：	130 千字
印　　张：	8
版　　次：	2025 年 5 月第 1 版
印　　次：	2025 年 5 月第 1 次印刷
书　　号：	ISBN 978-7-5726-2411-7
定　　价：	68.00 元

若有质量问题，请致电质量监督电话：010-59096394
团购电话：010-59320018